錯視

の魔術

ジャンニ・A・サルコーネ　メアリー＝ジョー・ウェバー

教育画劇

ジャンニ・A・サルコーネ

1962年生まれ。ビジュアルアーティスト・研究者。視覚認知・視覚芸術分野の権威として、広く知られている。科学的にも芸術的にも見応えがあり、教育としても有用な視覚芸術・数学パズル・ゲームを制作するかたわら、新聞・雑誌に脳トレや、クリティカルシンキング、視覚メカニズムに関する記事やコラムを執筆し、20年以上のキャリアを持つ。錯視コンテストでは上位入賞を果たし、審査員も務める。さらには創造的研究の発展を目指す専門ネットワーク、アルキメデス・ラボラトリー・プロジェクト™を設立。パズルやゲームを中心としたウェブサイトの運営に携わりながら、科学・芸術・ゲームなどの学問分野を超えた教育・研究のさらなる前進に貢献している。同サイトは『サイエンティフィック・アメリカン』誌のウェブ賞（数学部門）を受賞した。

メアリー＝ジョー・ウェバー

編集者として、サルコーネとともに、アルキメデス・ラボラトリー・プロジェクト™を設立。創造的な視覚作品や論理的思考のパズル・教育用ゲーム分野での創作活動・著作を通じて、認知科学と芸術、論理的思考と表現力など、学問分野の垣根を超えた教育の普及に貢献している。

OPTICAL ILLUSIONS
錯視の魔術
2018年2月3日 初版発行

著 ・ジャンニ・A・サルコーネ
　　 メアリー＝ジョー・ウェバー
翻 訳・大日本印刷株式会社
編 集・清田久美子
発行者・升川秀雄
発行所・株式会社　教育画劇
　　　〒151-0051　東京都渋谷区千駄ヶ谷 5-17-15
　　　TEL：03-3341-3400　FAX：03-3341-8365
　　　http://www.kyouikugageki.co.jp
印 刷・大日本印刷株式会社

N.D.C.141／96P／251×195cm／ISBN978-4-7746-2127-2

本書の内容の一部あるいは全部を無断で複写複製することは、法律で認められた場合を除き、著作者及び出版社の権利の侵害となります。その場合は、予め弊社あて許諾を求めてください。落丁・乱丁本は弊社までお送りください。送料負担でお取替え致します。

Copyright © QED Publishing 2017
Japanese text Copyright © KYOUIKUGAGEKI Co. 2018

Published in Japan by KYOUIKUGAGEKI Co. 2018
First Published in the UK by QED Publishing 2017
Printed in China

もくじ

百聞は一見にしかず？ …………………………… 4

光 －ひかり－

きらめき格子 …………………………………………… 6
明るさを比べてみると… …………………………… 8
ウソみたいなソファ ………………………………… 9
ややこしい色、いろいろ …………………………… 10
色順応 …………………………………………………… 11
色を復活させよう …………………………………… 12
ネオンカラーが出現する魔法 …………………… 13
ステンドグラスの錯視の魔法 …………………… 14
白黒写真をカラー写真に …………………………… 15
ゴム人形のアヒルのおもちゃ …………………… 16
魔法のハート ………………………………………… 17
色の「同化」で遊ぼう ……………………………… 18
地図作りに役立つ錯視の魔法 …………………… 19

線と空間

不思議な線の長さ比べ ……………………………… 20
ポッゲンドルフの錯視の魔法／リンゴをつらぬく矢はどれだ？ … 22
魔法のストロー ……………………………………… 23
ローマの神殿の柱 …………………………………… 24
ななめに傾くアルファベット …………………… 25
ゆかいなジャストローの魔法のトランプ …… 26
盛り上がってくる形 ………………………………… 27
このシャツは横長？縦長？ ……………………… 28
帽子のサイズを考えよう／直角とかくれんぼ … 29
信じられない丸の大きさ比べ／サルコーネのだ円形 … 30
大きく見えたり、小さく見えたり ……………… 31

暗号みたいなハイブリッド画像 32
傾いているように見える塔 33
私たちの目を邪魔するもよう 34
不可能立体の構造 36
ありえない姿の不可能図形 38
魔法のワイングラス 40
上下で間違いを探そう 41
2つの顔を持つ動物 42

動いて見える

なめらかに流れ出す!? 44
流れ落ちる水 46
どくどくふくらむ怪奇のハート 47
うずまくぐるぐるの渦 48
宙に浮かびあがるハッシュタグ 49
ぴかぴかきらめく四角 50
きらきら波打つ星 51

脳

パックマンの魔法 52
輪郭線のない3次元の立体物 54
色が生み出す輪郭 55
残効という不思議 56
ぼやけた顔 57
いたずら好きな妖精レプリコーン 58
にやにや笑うチェシャ猫 59
色が消えてしまう点 60
割れたお皿? 61
ステレオグラムという名前の3D画像の不思議 62

実際にやってみよう!

サルコーネのL字型パズル 64
おぼんの上からグラスを移動させるには? 65
ガラスのコップの中の光学：ひっくり返る魚 66
トイレットペーパーで作る「スクエアクル －丸四角－」 67
奥行きを感じて遊ぼう 68
不可能な三角形の立体を作ろう 69
視覚的にも心理学的にも邪魔する脳の落とし穴 70
壁を通りぬけて歩く方法 71
丸い円から四角へ大変身! 72
自分だけのホログラムを映すプロジェクターを作ろう 74
催眠術の円盤、ヒプノディスクを作ろう 75
指さしサインはどこの向きを指しているかな? 76
明るい円から暗い円へ 77
まるで歩いていくみたい?足どりが見える錯視の魔法 78
空中に浮かぶ魔法って? 79
「空中浮遊」している写真を撮ろう 80
魔法のサイコロを作ろう 81
動き出す絵 82
ジャストローの魔法のイルカ実験 83
予想できない構造 84
手にぽかっと穴があく魔法 85
幾何学もようの錯視の魔法 86
不可能な三角形かな? 87
足がたくさんあるゾウたち 88
登ることができない階段を描いてみる 89

実験に使えるテンプレート 90
答え 93
錯視用語集 94
索引 96

百聞は一見にしかず？

目で見えるものって、本当に信じられるのかな？この本では、知らず知らずのうちにみんなの目と脳がだまされちゃうような、びっくりおどろきの楽しい錯視の魔術を紹介するよ。最後の章には、簡単なのに見る人を喜ばせる、おどろきの錯視実験やトリックも載っているから、みんなも、自分自身の手で錯視の魔法をかけてみよう！

目のしくみ

みなさんの顔の表には、前を向いて、ゼリー状のボールが二つ、ついています。これが目です。目に光が入ると、まず角膜を通過します。角膜を通過するとき、光は屈折します。屈折した光は中央に集められ、瞳孔と呼ばれる小さな覗き穴から目の内部に入るのです。目の内部に入りこむ光は、ピントをあわせるため、水晶体のところでさらに屈折します。そして、光は眼球の中心へと進んで、**網膜**と呼ばれる眼球の一番奥にある壁にたどりつくのです。網膜には、光に敏感な**光受容体**と呼ばれる視細胞が数百万個存在しています。入ってきた光は、この光受容体を刺激します。光に反応した光受容体は、電気神経信号を発します。その電気神経信号は、脳へとつながる視神経を通り、後頭葉にある視覚野に伝わります。この視覚野で、みなさんが見ている最終的な映像が作り上げられるのです。私たちはいつも当たり前のように目の前のものを見ているけれど、こんなにも複雑なしくみがあったのですよ。

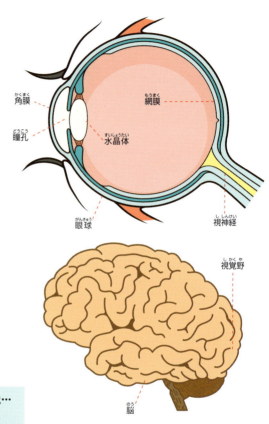

周りにあるもので、見え方が変わる

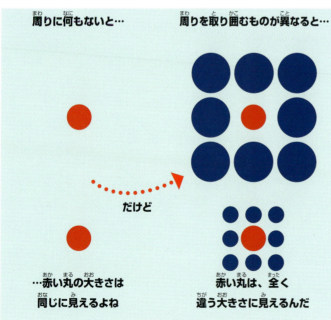

目のしくみの説明は専門的な言葉も多くて、少し難しかったでしょうか。目のしくみは複雑で、実はだまされやすくもあるのです。そこにないものが見えたり、間違って見えたり、ときどき目は誤解します。そんな視覚現象のことを「錯視」と呼びます。みなさんは、目の前のものそれだけを見ているのではなく、見え方に影響を及ぼす、周りにあるものや取り囲む状況の中で、ものを見ています。だから、いろいろな錯視が生じるのですね。

脳をだます錯視の魔法

色や形、明るさの組み合わせを変えたり、見ている人の視点を変えたり、周りの状況やものの見え方を工夫すれば、みなさんにも、いろいろな錯視の魔法が使えるようになりますよ。何が本当で何が本当じゃないのか、上手に見ている人の脳をだまして、錯視の魔法を使いこなしてみましょう！

ネコの目は一体何色に見えるかな？ 11ページをめくって、みんなの出した答えが正しいかどうか確かめてみよう！

上下、2組のトランプがあるね。26ページをめくったら、カードの組の広がり方が大きいのはどっちか分かるよ！

3つの丸の真ん中に、三角形が見えているかな？ どうして三角形が見えるのか、52ページで説明しているよ。

48ページをめくってみてね。このもようがひとりでに動き出して見えるおどろきの理由が解説されているよ。

光 −ひかり−

小さなアリにも、巨大な惑星にも、同じ共通のところがあるよ。何だと思う？それは両方とも、影ができること！光はまっすぐに進む。その通り道を何かものがさえぎると、さえぎったものの後ろに、暗い部分、つまり影ができるというわけ。

みなさんの目と脳は、光と影の対比によって、ものの形をとらえます。光と影の広がり方によって、みなさんは3次元でものを見ることができるのです。2つ明るさの違うところがある面を見るとき、みなさんの視覚器官はその違いをよりはっきり見ようとして、明るさと暗さの対比をより強く感じます。このしくみを「側方抑制」と呼びます。「側方抑制」はとても強く作用する視覚現象なので、抗いがたいたくさんの錯視を生み出します。

ここに示した4つの格子をじいっと見てみよう！線と線が交差するところに、ぼんやりと現れる灰色のものが見えるかな？

きらめき格子

Aの格子にはほとんど何も現れないけど、Dの格子には、灰色のぼんやりとしたものが見えてくるでしょう？Bの格子にも同じものがうっすらと現れてくるけど、この視覚現象が最も強く現れて見えるのはCの格子だよ。

何が起きているのでしょう？

実は、この不思議なぼんやりとしたものが見えてくるのは、縦線と横線、それぞれの線がまっすぐ交わるときだけなのです。白い線と黒い背景の明暗の対比によって、「側方抑制」という視覚現象が起こります。この現象は、みなさんの目の中の光受容体から入ってきた信号同士がぶつかりあうことで生じます。そのため線の交わるところにぼんやりとした灰色のものが見えるようになるというわけなのです。

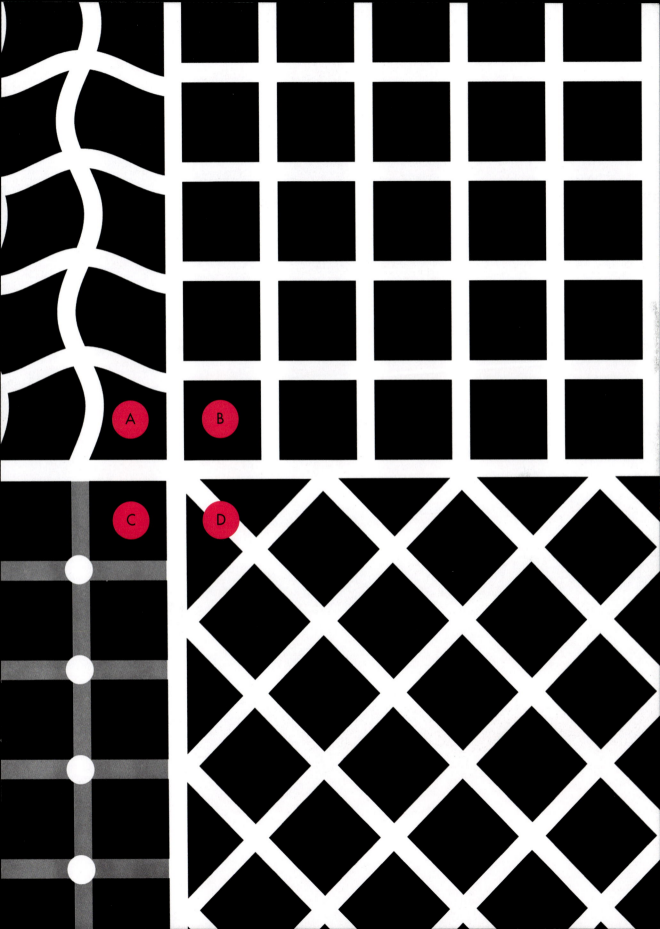

08 光 −ひかり−

明るさを比べてみると…

上の図版に描かれている外の四角い箱と、鏡に映っている四角い箱。どっちの箱の側面の方がより暗く見えるかな？

実は、外の四角い箱も、鏡に映っている四角い箱も、両方の箱の側面は同じ色なんだよ。色も明るさも全く同じだなんて、おどろきだよね！

何が起きているのでしょう？

このページで紹介した錯視の魔法は、「同時明度対比」によって起こるものです。箱の側面の色は同じなのですが、まわりを暗い色に取り囲まれると、実際の色より明るく見えます。逆に明るい色に取り囲まれると、実際の色より暗く見えます。だから、鏡の中の方がより背景が暗いので、左側の、明るい背景の中に置かれている外の箱よりも、右側の、鏡に映っている箱の方が明るい色に見えたのですね。

錯視の魔術　09

ウソみたいなソファ

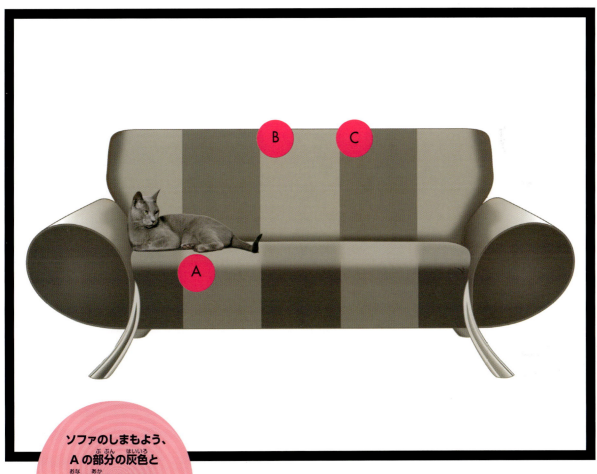

ソファのしまもよう、Aの部分の灰色と同じ明るさなのは、Bの部分とCの部分、どっちかな？

ぜひ、みんなが自分自身で確かめてみてね。91ページに載っているテンプレートを描き写すか、コピーを取るかして、白い線にそって3つの窓枠を切り取ろう。それをこのページのソファの図版の上に重ねて、穴のあいた窓枠から色を比べてみよう。Aの部分と同じ明るさのしまもようは、Bの部分かな？ Cの部分かな？

実はAのしまもようとCのしまもようが、全く同じ明るさの灰色なんだ！

何が起きているのでしょう？

8ページの錯視の魔法と同じく、この不可思議なソファにも「同時明度対比」が働いています。もともと同じ明るさのAとCのしまもようですが、それぞれ隣あう灰色の明るさに影響を受けて、全く違った明るさに見えるのです。

ややこしい色、いろいろ

みんなが思っているほど、色って確かなものじゃないんだよ。
例えば、みんなが「赤」だと思って見ている色は、他の人が見ている「赤」とは違うかもしれないぞ。

みなさんの脳は、びっくりするような色のとらえかたをするのですよ。なぜなら、みなさんが色を見るとき、一つの色だけを見ているわけではないのです。その色のまわりにある他の色の影響を受けているんです。
同じ色でも、まわりの色に影響されて、別の色に見えることがあります。それとは逆に、本当は違う色同士なのに、まわりの色の影響で、同じ色に見えることもあるのです。

それぞれ、あざやかな色のしましまの線にはさまれた、うすい色の層が見えるね。このうすい色の層は、一体何色だろう？

2色の、色が違う線と隣あう、うすい色の層には一体、何が起きているのかな？

信じられないかもしれないけど、右の図版で、いろいろな、違った色のしましまの線にはさまれている層、実は全部、図版の一番上にある灰色の層と全く同じ色なんだよ。

何が起きているのでしょう？

この実験では「色同化」現象の影響を表しています。詳しくは18ページを見てくださいね。青い線と隣あう灰色の層は、同じように、青の色調に近づいて青っぽく見えます。でも2色の、色が違った線の間に同時にはさまれた灰色の層（一番右の柱で示したものです）は、まるで2つの色がとけあっているかのように、2色の色調を持っているみたいに見えるのです。おもしろいですね。

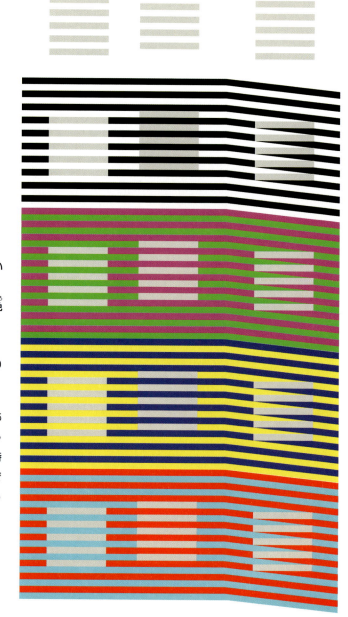

色順応
（いろじゅんのう）

錯視の魔術　11

何が起きているのでしょう？

ネコの左目はまわりを紫色に取り囲まれているため、まるで色がついているように見えてしまうのです。紫の背景色を消して、同じ写真を見てみたら（93ページで見られます）、きっとみなさんにもネコの左目の色が、灰色をしていると分かるでしょう。このネコの写真では、「色順応」という現象が起きています。「色順応」という現象によって、脳がまわりの紫色に慣れてしまい、紫色に対する**感度が下がり**、鈍ってしまうのです。そのために、本当の色である灰色から、紫色の要素が取りのぞかれて、ネコの目が緑色に見えてしまった、というわけなのです。

上の写真のネコの左右の目は、それぞれ一体何色に見えるかな？

93ページをめくって、出した答えがあっているか、チェックしてみてね。

色を復活させよう

写真から色が消えて、オウムたちがぼんやりと淡い灰色になってしまっているね。さあ、錯視の魔法で、オウムたちの色を取り戻そう！

下の段の、あざやかな色のしましまが並んでいる四角い図版の中央に、白い点があるよ。この点を30秒ほどじっと見つめてみよう。それからすぐに、上の段のオウムたちの写真にぱっと目を移してみて。一体何が起こるかな？

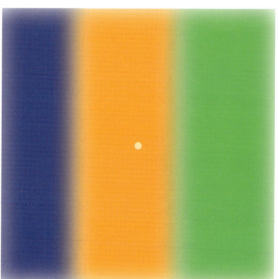

上の段の写真にぱっと目を移した瞬間、オウムたちの色が復活したはずだよ！

何が起きているのでしょう？

ここで起きている視覚現象も「色順応」によるものです。詳しい説明は11ページを読んで下さいね。強い光源を見つめ続けたことで、目が適応して、ほんの数秒の間だけ「色順応」が起きるのです。下の段のあざやかな色のしましまの図版をじっと見ている間、みなさんの目は、この3つの強い色に対する感度が下がってしまったのです。だからオウムたちの写真にぱっと目を移したとき、数秒間だけ、オウムたちに下の段のしましまの色とは真反対の色、**補色**がついて見えたのです。例えば、青の補色はオレンジなので、オレンジ色の**残像**が生じて、一番左のオウムがオレンジ色に見えたのですね。

ネオンカラーが
出現する魔法

錯視の魔術　13

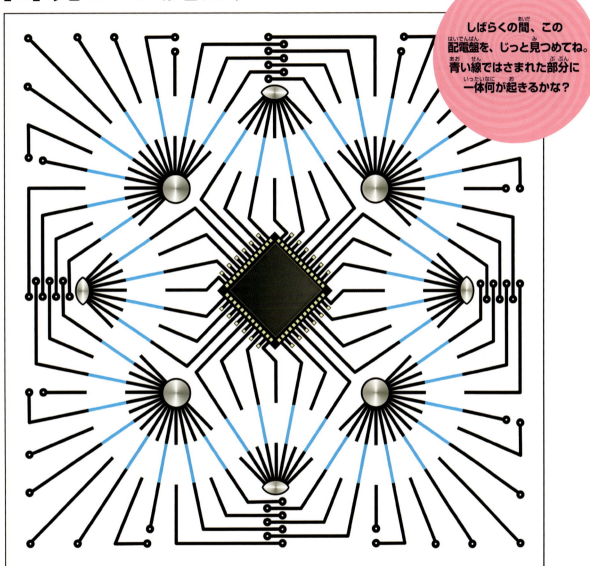

しばらくの間、この配電盤を、じっと見つめてね。青い線ではさまれた部分に一体何が起きるかな？

しばらく見ていると、青いしましまの線の上に、白っぽく、ネオンのように明るい青のうねうねした帯が浮かび上がって見えてこないかな？背景の色は真っ白で、これっぽっちも青い色はついていないのにね。とても不思議だね！

何が起きているのでしょう？

このような錯視の魔法を「透明視」「ネオン色拡散」「トロン効果」などと呼びます。1971年、イタリアの研究者ダリオ・バリンによって発見されました。何億年も昔、私たちの祖先が、まだ暗く深い海の底にいたころ、私たちの目が最初に進化し始めた名残りであるとも考えられています。

14　光 －ひかり－

ステンドガラスの錯視の魔法

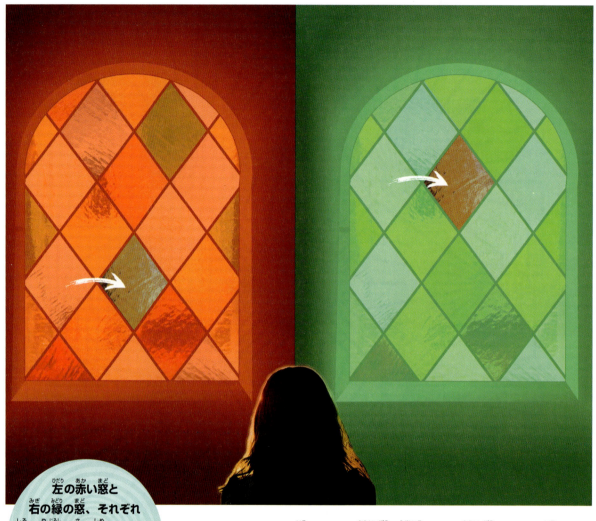

左の赤い窓と右の緑の窓、それぞれ白い矢印が指し示している、ひし形のガラスを見てみよう。2枚のガラスの色は、同じかな？

90ページに載っているテンプレートをコピーして、白い線のひし形部分を切りぬこう。それを上のステンドガラスの写真に重ねて、切りぬいた穴を通して色を見てみよう。きっとこのガラス窓にかかっている魔法をとくことができるよ。

ステンドガラスの色はそれぞれ片一方は緑色に、もう片一方はオレンジ色に見えるでしょう。でも、みんながテンプレートから作った穴のあいた紙を重ねると…2枚のガラスの色が、実は全く同じなのだとはっきり分かるよ。不思議だね！

何が起きているのでしょう？

この不思議な現象は**「色対比」**と呼ばれる錯視の魔法によって生じます。上の写真のように、同じ色同士なのに、背景を違う色で囲まれることによって、全く違う色に見えてしまうのです。これは、みなさんの脳が、背景の色との対比によって、ものの輪郭の色（や明るさ）をより強調して感じてしまうからなのです。

錯視の魔術

白黒写真をカラー写真に

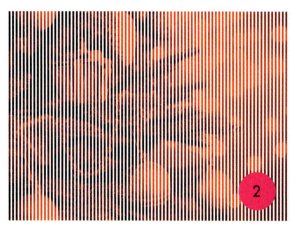

白黒の写真に何かもう一つ別の色を組み合わせるだけで、フルカラーの写真を作ることなんて、本当に可能だと思う？

1の写真は、白黒写真に赤いフィルターをかけたものだよ。
これはフォトショップというパソコンのアプリケーションを使って作ったんだ。描画モードの中から「スクリーン」というコマンドで、レイヤーを重ねているよ。
2の写真は、1の写真の上に、さらに細かい白のしましまもようを重ねているよ。
3の写真は、白黒写真に、緑色のフィルターをかけたものだよ。
でも緑色のフィルターがとても弱いので、白黒写真のままにしか見えないよね。
4の写真は、2の写真と3の写真を混ぜあわせたもの。さあ、何が起こるかな！

白黒写真と、赤一色を使って、カラー写真を作るなんて、せいぜいピンク色の写真ができるぐらいじゃない？なんて思っていませんでしたか？だけど実際、白黒写真と赤一色だけで作られている4の写真には、ちゃんと色がついて見えますよね。クリスマスツリーはうっすら緑がかって見えます。そして一番のおどろきは、ツリーに飾られているボールまで金色に光って見えることです！ね、びっくりしたでしょう？

16　光 －ひかり－

ゴム人形のアヒルのおもちゃ

アヒルの上に塗られている黄色に、一体何が起こるかな？

右の細かな説明を読む前に、一度本から２ｍくらい離れて、この図版を見てみよう。さあ、どうなるかな？

図版を離れたところから見たとき、アヒルの輪郭のすみまで、きれいに黄色く色が塗られているように感じなかった？でも、図版に近づいてしっかり確かめてみると、やっぱりアヒルは黄色く塗られていないよね。ただ、小さな黄色い四角がアヒルの輪郭線の上に印刷されているだけ。どうしてこんな風に見えるのかな？

何が起きているのでしょう？

色の中には、黄色のように、空間の解像度の低い色があります。ちょっと難しい言葉ですね。空間の解像度が低いと、白い背景の上で、その色の塗られている境界線をきっちり判別できず、色の塗られている輪郭が見えづらくなるのです。だからみなさんの脳には、アヒルの絵を見たとき、黒い線ではっきりと描かれた輪郭線いっぱいのところまで、黄色が広がって感じられたのですね。

魔法のハート

錯視の魔術

みんなには、うっすら後光のようにぼんやりと光るオレンジ色のハートの形が見えるかな？ハートが浮き上がって見えるちょうどいい距離があるから試してみよう。

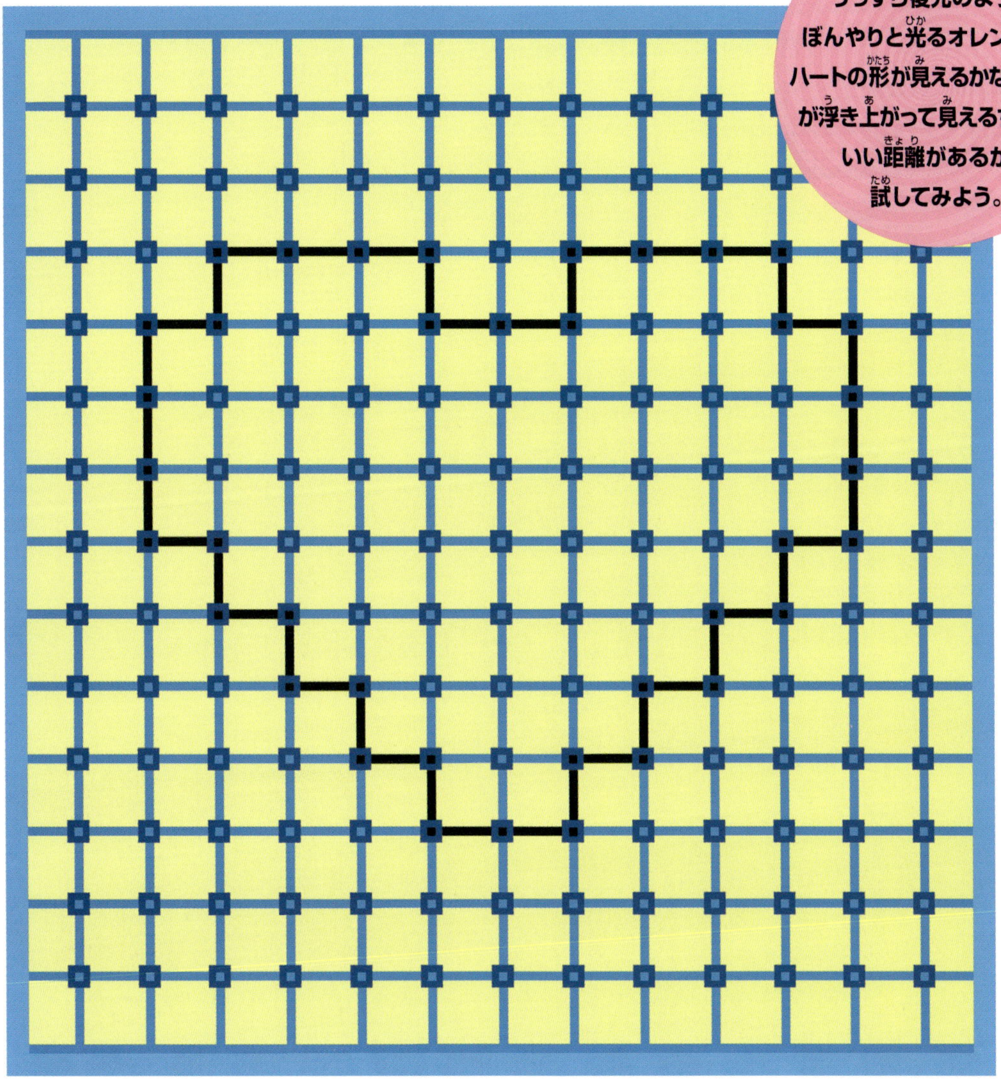

何が起きているのでしょう？

見かけ上、目の前に浮かび上がってきたこのオレンジのハートは、黒い線と黄色の背景が、お互いに影響しあって生まれたものです。ハートは青い線と黒い線の重なる小さな黒い四角の部分に形作られています。できれば、まばたきしないで、しばらく30秒ぐらいの間、図版の中央あたりをしっかりと、集中して見つめてください。不思議なことに、ぼんやり浮かび上がっていたハートの形が完全に消え去ってしまいますよ！

光 －ひかり－

色の「同化」で遊ぼう

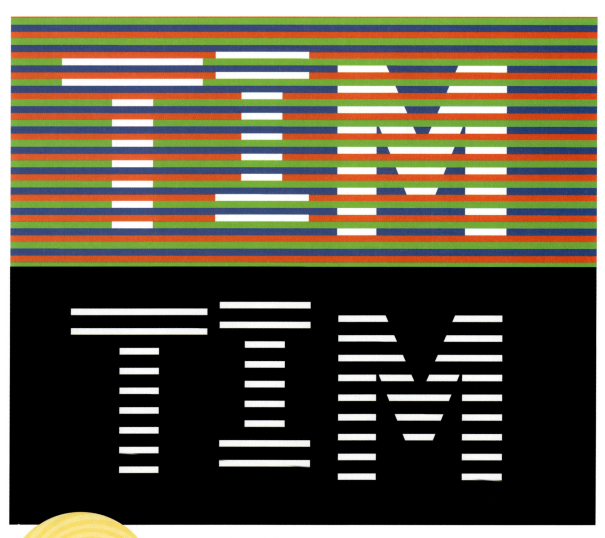

上の段の図版に書かれているアルファベットの大文字「T」、「I」、「M」を見てみよう。何色に見えるかな？

下の段の図版にも、上の段と同じアルファベットの大文字が色をぬいた状態で並んでいるね。比べてみよう。

それぞれの文字を見てみると、うっすらとピンク色、水色、黄色で塗られているように見えるね。でも実は、アルファベットの文字自体には色がついていないんだ。下の段と同じく、上の段の文字も、白い横じま線だけで作られているんだよ！

何が起きているのでしょう？

この視覚現象には「色同化」という魔法がかけられているのです。10ページでもお話しましたが、私たちの目は、それぞれのアルファベットの文字を取り囲んでいる、2色の色あいを混ぜて、脳の中で新しい色を作り上げているのです。例えば、白い横じま線で書かれた「M」の文字は赤と緑の線で囲まれています。その結果、「M」の文字は黄色に見えるというわけです。科学者たちにも、どうしてこんなことが起きるのか、まだはっきりとは分かっていないのですよ。

地図作りに役立つ錯視の魔法

錯視の魔術

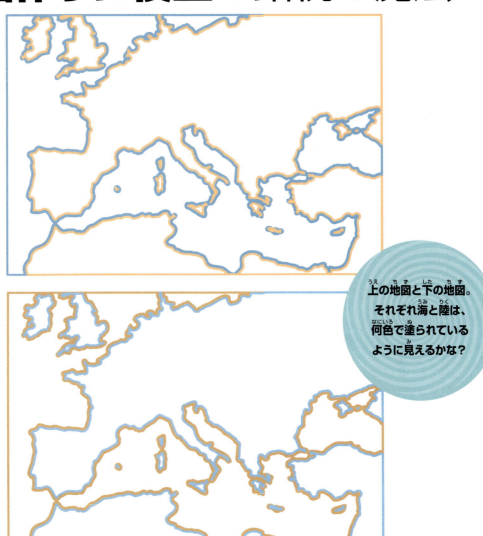

上の地図と下の地図。それぞれ海と陸は、何色で塗られているように見えるかな？

まず上の地図を見てみよう。オレンジ色の線で囲まれた陸地の部分は、淡いオレンジ色で塗られているように見えるね。同じように、青い線で囲まれた海の部分も、淡い青色で塗られているように見える。でも本当は、陸の部分にも、海の部分にも、色は塗られていなくて、真っ白なんだ。下の地図では、陸と海を囲んでいる色が、上の地図と反対になっているよ。だから、海や陸の部分に塗られているように感じる色までも、上の地図と反対になっているね。

何が起きているのでしょう？

この魔法は「地図作りのための色の錯視」と呼ばれています。かつて、地図を作る人たちが、隣あう国と国の境目を分かりやすく見せるために、この色の魔法を利用していたのです。この視覚現象は、別名「水彩錯視」としても知られています。この現象をひき起こす原因が身体的なものなのか、それとも心理的なものなのか、今でも議論が交わされています。

線と空間

どれくらい長いのかな？どれくらい遠いのかな？どれくらい大きいのかな？私たちはいつも無意識のうちに、自分とものとの間の距離をはかったり、ものの大きさをはかったりしているよ。

実際の大きさと、見かけ上の大きさの違いについては、大体、次のようにいうことができるよ。

- 目で見ただけでは、ものの実際の大きさは分かりません。
 （実際の大きさを確かめるためには、やはり測定しなければなりません。）
 みなさんの目がものをしっかりと見てとらえるには、ある程度距離をおいたところから、ものを眺める必要があります。
- 見かけ上の大きさというものは「実際のものの大きさ」と「ものとの間の距離」に左右されます。同じものが遠くにあるより、近くにある方が、見かけ上は、より大きく見えるでしょう。

みんなは、近くにあるポストと、遠くにあるポスト、間の距離が変わっても、周囲に見えるものの情報で、ポストの大きさは同じだととらえることができるよね。この脳の働きを「大きさの恒常性」というよ。みんながものを見る上で、**奥行き感と大きさの恒常性**が深く関係しているんだ。奥行き感と大きさの恒常性、この２つの関係には、次のような明快なルールがあるよ。

- 実際の大きさが全く同じものが２つ存在するとします。その場合、大きく見えるものの方が、より私たちの近くにあると考えられます。
- 見かけ上の大きさは同じに見えるものが２つ存在するとします。その場合、遠くに見えるものの方が、より大きいのだと考えられます。

どちらの線の方が長いかな？より長いのは、ＡとＢの２つの線、どっちかな？

不思議な線の長さ比べ

このページで紹介している錯視の魔法は、それぞれ、みんなの持っている奥行きと空間に対する感覚を利用して、脳をだまそうとしているよ！さあ、正しい答えが分かるかな？

錯視の魔術　21

CとDの線を比べてみよう。Cの線はDの線より長く見えるけど、みんなにはどう見えているかな？

EとFの2つの線は、はたして同じ長さかな？

不思議な線の長さ比べ、紹介した3つの錯視の魔法の答えは、なんと全問「どちらも同じ長さ」なんだよ！正解できたかな？

何が起きているのでしょう？

このページに載っている錯視の魔法は3つとも全て、みなさんの奥行きに対する感覚を利用して、ひっかけようとしているんですよ。みなさんの脳は、2本の線の長さを比較するとき、奥行きを感じて、より遠くにあるように見える線の方が、本当は長いのではないかと考えてしまいます。でも、ここで比較した2本の線は全て、同じ長さなのです。実際にはかってみてくださいね。

ポッゲンドルフの錯視の魔法

青い線と緑の線。樽を取り囲んでいるピンクの線とつながっているのは、どっちかな？

ほとんどの人が（詳しくいうと答えた人の全体の75％もの人が）、ピンクの線とつながっているのは青い線だと答えるはずだよ。だけど、本当に正しい答えは緑の線なんだ。93ページをめくると、黄色い四角で隠れた部分を取り外した樽の絵が載っているから、答えを確かめてみてね。

リンゴをつらぬく矢はどれだ？

リンゴの反対側までつらぬいている矢は、どの色の矢かな？

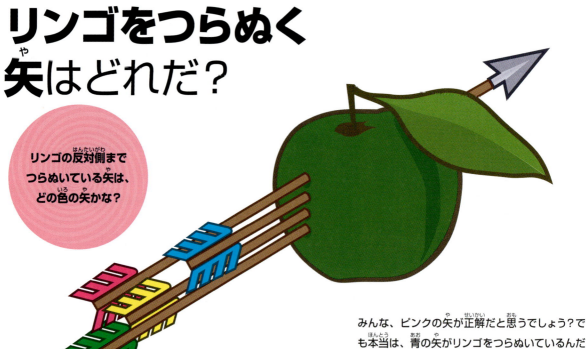

みんな、ピンクの矢が正解だと思うでしょう？でも本当は、青の矢がリンゴをつらぬいているんだよ。定規をあてて、確かめてみてね。

錯視の魔術 23

魔法の
ストロー

一番左側にあるストローの赤い線は、真ん中のストローの緑の線や、右側のストローの青い線と、一直線でまっすぐつながっているかな？

実は、3本のストローとも、赤い線は赤い線同士、同じ色のななめの線同士が、一直線につながっているんだ。定規をあてて調べてみてね。

何が起きているのでしょう？

黄色い四角だったり、リンゴだったり、ストローとストローの間の空間だったり、このページの3つの錯視の魔法では、線の一端や輪郭の一部が、何か別のものにさえぎられていますね。これを「ポッゲンドルフの錯視」といいます。この錯視を発見したドイツの物理学者、ヨハン・クリスチャン・ポッゲンドルフの名前がもととなって、名づけられました。なぜこんな魔法のような錯視が起こるのか、科学者たちの間でも、未だにはっきり解明されていないんですよ。

ローマの神殿の柱

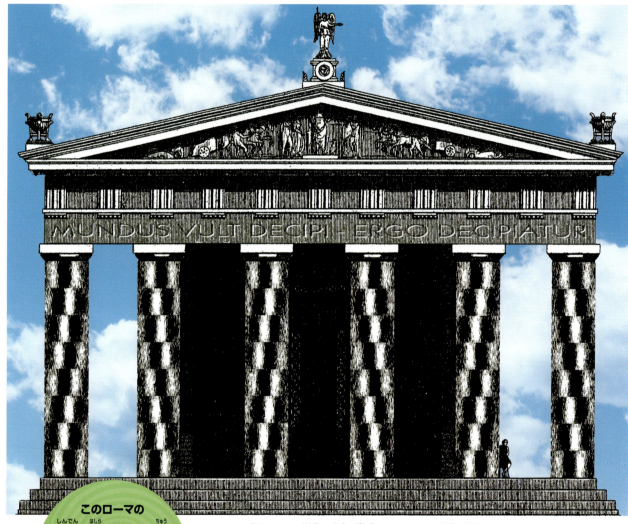

このローマの神殿の柱はみんな、中央に集まって収束しているように見えるかな？それとも外側に広がって分散しているように見えるかな？

この神殿の柱の上には、「世界は騙されることを欲している、それゆえ世界は騙される」という意味のラテン語が書かれているよ。さあ、みんなはこのラテン語の言葉の意味を実感できるかな？

実は、この神殿の柱は全部まっすぐで、平行に並んでいるんだよ。信じられないって？じゃあ、柱にそって定規をあてて、確かめてみよう！

何が起きているのでしょう？

とってもおもしろいこの錯視の魔法、よく見ると、垂直にまっすぐ立っている柱の中には、片側に傾いているもようが描かれていますね。このもようのせいで、柱そのものまでが、まるで傾いて立っているように見えるのです。

ななめに傾くアルファベット

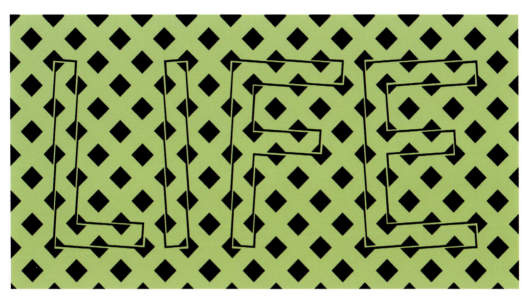

LIFE（命）に TILT（傾き）。この2つの単語に使われているアルファベットの文字は、ななめに傾いて見えるかな？まっすぐ立って見えるかな？

にわかには信じられないかもしれないけれど、アルファベットの文字は全て、完全にまっすぐ立っているんだ。定規を使って確かめてみよう。

何が起きているのでしょう？

実は、上のアルファベットの文字の直線は全て、一本で書かれたものではありません。それぞれななめに傾いている線がたくさん集合してできています。だから、全体の文字まで傾いているように見えるのです。この錯視の魔法は「フレイザー錯視」と呼ばれています。1908年に、初めてこの錯視について発表した、スコットランドの心理学者、ジェームズ・フレイザーにちなんで名づけられました。

ゆかいなジャストローの魔法のトランプ

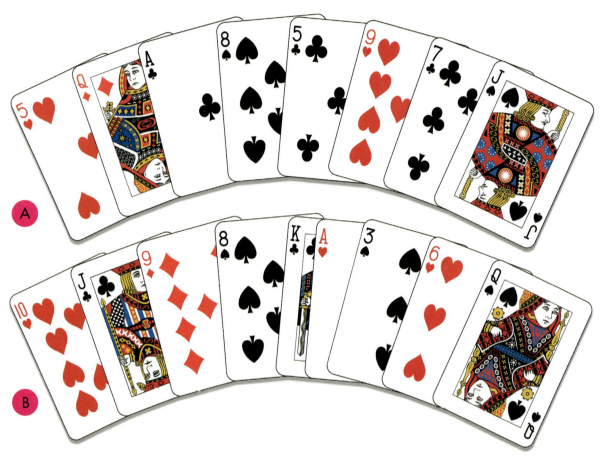

おうぎ形に並べられた2組のトランプのカード。Aの組み合わせとBの組み合わせ、より広がって見えるのはどっち?

実は、上のAの組と下のBの組のトランプのおうぎ形は、広がり方が全く同じなんだ。93ページをめくってみると、それを証明する図解が載っているよ。確かめてみてね。

何が起きているのでしょう?

上の図版のように、おうぎ形に広がっている図形が上下に2つ並んでいると、下にあるものの方がより広がりが大きく見えます。これは、みなさんの脳が、奥行き感覚によって、下にあるものの方が、よりみなさんの近くにあるように思いこんでしまうからなんですね!この錯視の魔法は、アメリカの心理学者、ジョセフ・ジャストローの名前をとって「ジャストロー錯視」と呼ばれています。83ページでは、同じジャストロー錯視を使った実験方法を紹介しています。91ページにはその実験に利用できるテンプレートも載っていますので、みなさんも自分自身の手で、ジャストロー錯視を実際に体感してみてくださいね。

錯視の魔術

盛り上がってくる形

何が起きているのでしょう?

私たちは、知らず知らずのうち、奥行きに関して、いろんなことを決めてかかります。私たちの脳はまるで当然のことのように、横長の長方形はより近くに、縦長の長方形はより遠くにあると感じます。だから上の図版のもようを見ても、手前側と奥側といったように奥行き感が生じるのですね。右上と左下のもようの上には、小さな白と黒の点が打たれています。比べてみてください。この点があることで、よりななめの線が強調されませんか?それによって、さらにはっきりともようがふくらんだ感じを受けるのですね。

上の図版の白黒のチェックのもよう、なんだかページからふくれ上がってくるように見えない?チェックのもようの上に、さらに点をつけたら、一体何が起こるかな?

28　線と空間

このシャツは横長？縦長？

このポロシャツは横長なのかな？縦長なのかな？AからBまでの幅と、CからDまでの高さを比べたら、みんなはどっちが長いと思う？

AからBまでの幅と、CからDまでの高さ、両方とも定規で長さをはかって、自分の答えが正しかったか、確かめてみよう。

上のポロシャツの絵は、縦長に見えるよね。でも本当は、CからDまでの高さより、AからBまでの幅の方がほんの少しだけ長いんだよ。どうして縦長に見えるのかな？

何が起きているのでしょう？

ものの置かれ方によって、どんなふうに見えるのか、どんなふうに判断されるのか、大きく変わってきます。上のシャツの絵が縦長に見えたのには、「フィック錯視」とか「垂直水平錯視」という視覚現象が関わっています。ドイツの生理学者であるアドルフ・オイゲン・フィックは「たとえ水平の横線の方が垂直の縦線より多少長かった場合でさえも、横線より縦線の方が長く見える」という不思議な錯視の魔法を、世に発表した人物です。

帽子のサイズを考えよう

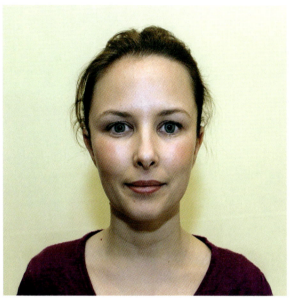

2枚の写真に写っている女の人たち。おでこが広いのは、どっちの女の人かな？

左と右、二人の女の人を見比べたとき、左の写真の女の人は、右の写真の女の人より、おでこがより広く見えるよね。頭の上部を比べるよりも、顔全体を見比べたときに、特にそう感じるはずだよ。だけど実は、この二人の女の人とも、おでこの広さは全く変わらないんだ。

90ページに載っている「帽子」のテンプレートをコピーするか、紙に写し取るかして、切り取ろう。刻んである目盛を使って、正しい答えを調べてね。

直角とかくれんぼ

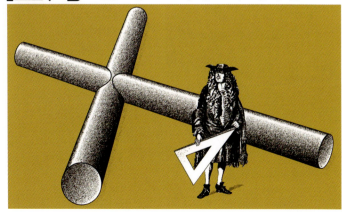

ちょっと不思議なパイプの絵だね。このパイプの絵の中に、実は直角になっている箇所があるよ。かくれんぼしている直角を見つけられるかな？

実は、パイプが交わる右肩の角のところが、直角になっているんだよ。絵の中にかくれんぼしている直角をなかなか見つけることができないのは、見かけ上の奥行き感に惑わされているからなんだ。

線と空間

信じられない丸の大きさ比べ

上のAの青い丸と、下のBの青い丸、大きいのはどっちかな？

実は、上下どちらの青い丸も、全く同じ大きさなんだよ。なかなか信じられないって？じゃあ、大きさをきちんとはかってみよう！

何が起きているのでしょう？

この錯視の魔法は「デルブーフ錯視」という名前で知られています。下のBの青い丸の方が大きく見えますよね。それは、青い丸を取り囲む外側の円が、丸のすぐ近くに描かれているためです。外側の円との間が「狭く」感じられることで、Bの青い丸の方がAの青い丸より大きく感じるのです。

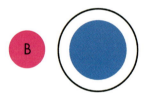

サルコーネのだ円形

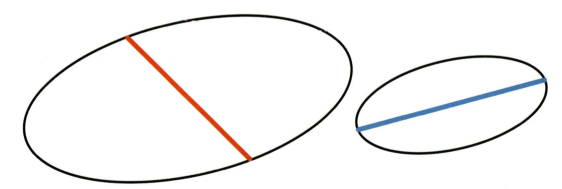

上のだ円形の中にひかれた、赤い線と青い線。さて、どっちの線の方が長いかな？

何が起きているのでしょう？

これを見た、実に90％もの人が、赤い線の方が長いと答えるでしょう。でも、実際にはかると、青い線の方が長いのですよ。みなさんの脳は、取り囲むだ円形の大きい方が、それを横切る線も長いものだと思いこんでしまいます。それゆえ、本当は青い線の方が長いのに、大きなだ円形の中にひかれた赤い線の方が長いにちがいないと、見誤ってしまうのですよ。

大きく見えたり、小さく見えたり

錯視の魔術　31

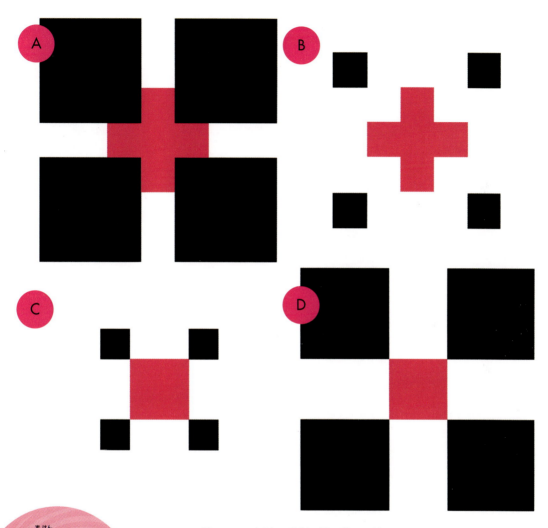

Aの図版のピンクの十字と、Bの図版のピンクの十字、大きいのはどっちかな？ Cの図版のピンクの四角とDの図版のピンクの四角、大きいのはどっちかな？

ほとんどの人が、Aの十字の面積の方が広いと感じるはずだよ。でもおどろくべきことに、Aの十字もBの十字もその面積の広さは全く同じなんだ。やっぱり同じように、みんな、Cの四角の方がDの四角より大きいと感じるはずだよね。でもCとD、2つの四角とも、全く同じ大きさなんだよ。

何が起きているのでしょう？

上の十字にかけられている魔法のことを「サルコーネの十字の錯視」といいます。下の四角にかけられている魔法のことを「オボナイの四角の錯視」といいます。視覚への影響の及ぼし方はさまざまですが、そばに置かれているものによって、見かけ上の大きさがこんなにも変わって見える、ということがよくわかる比較ですね。

線と空間

暗号みたいなハイブリッド画像

上の写真のピエロは悲しそうな顔をしてるのかな？にっこり微笑んでいるのかな？

本から2mほど離れたところから、このピエロの写真を見てみたら、一体何が起こるかな？

ピエロの写真を本の近くから眺めたときは、顔が悲しそうに見えるけど、少し本から距離をとって写真を眺めてみると、ピエロはにっこりと微笑み始めるにちがいないよ。

何が起きているのでしょう？

この種類の錯視の魔法は「ハイブリッド画像」または「暗号錯視」という名前で知られています。これは、空間周波数の違う2枚の写真を混ぜあわせて作られています。その結果、見る距離によって、2枚のうちのどちらか片一方の写真が、まるで暗号みたいに隠され、見えなくなってしまうのです。近くからピエロの写真を見たときには、細かな部分がはっきりと目に飛びこんでくるので、ピエロの表情は悲しそうに見えます。けれども、遠くから離れて見ると、より大ざっぱな部分が目に入るので、ピエロがにやにや笑い出す、というわけです。

傾いているように見える塔

錯視の魔術　33

左の写真と右の写真、2枚の写真は、同じアングルから撮影されたものだと思う？

左のAの写真の建物は上の塔がななめに傾いて、ゆがんでいるように見えないかな？でも、この2枚の写真は完全に同じ写真なんだよ。どうしてこんなに違って見えるのかな？93ページをめくってみると、2枚の写真が全く同じものであると証明してくれる、図解が載っているよ。

何が起きているのでしょう？

左と右に並んだこの2枚は、全く同じ奥行きと**消失点**を持った写真です。ですが、隣同士写真の並べ方があまりにも近いので、みなさんの脳は2枚の写真を同じ風景が並ぶ1枚の写真だと勘違いしてしまうのです。もともと2枚別の写真が横に並んでいるのですから、「1つの風景の中に、2つの消失点が存在する」ことになってしまいます。そのため、みなさんの奥行き感覚のものさしが混乱してしまって、なんだか風景がゆがんで感じられるのです。2つの消失点が分離していると勘違いされたことで、傾いた感じが強調されます。だから左の写真の塔は、右の写真の塔に比べて、大きく前に傾いてしまっているように感じるのですよ。

線と空間

私たちの目を邪魔するもよう

右の大きな白黒の図版の中には、一体何が隠れているか分かるかな？

この白黒の図版の中から、ぶちもようをしたイヌのダルメシアンを見つけられたかな？まだらもようの敷物の上にごろんと横たわっているよ！93ページをめくってみて。はっきりと、ダルメシアンが横たわっているのが分かる、カラー写真が紹介されているよ。

何が起きているのでしょう？

最初に右の図版を見たときには、イヌと敷物の境界線がぼんやりあいまいで、同じような黒いもようがたくさん散らばっているようにしか見えなかったのに、イヌのダルメシアンがいますよ、と知らされたら、だんだんイヌの姿が見えてきましたよね。ダルメシアンがいるんだと知る前と知った後では、図版からくみ取れるものが違ってくるのです。この図版にはイヌの輪郭線が描かれていません。そのため、背景にたくさん散らばった黒いもように邪魔されて、図版の中にイヌがいると分からないのですね。私たちの目を邪魔するもようは、よく自然界の中でも見つけることができます。例えば、白黒のしまもようをもったシマウマです。何千頭ものシマウマが集まっていたら、ライオンのようにシマウマを狙う肉食動物たちも、そのもように惑わされ、たくさんの群れから一頭の獲物に狙いを定めることができなくて、困ってしまうことでしょう。

錯視の魔術　35

不可能立体の構造

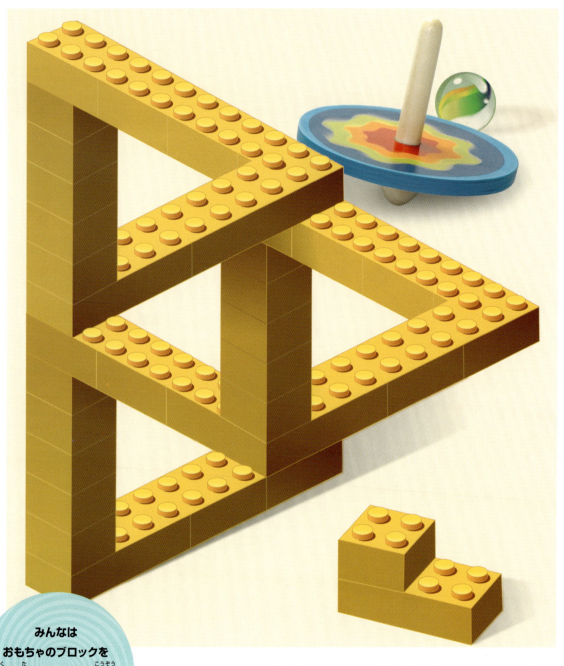

みんなは おもちゃのブロックを 組み立てて、こんな構造 をした立体を作ることが できるかな？

いいえ、ブロックを何個使おうとも、この立体は誰にも作ることができない構造をしています。これを**「不可能立体」**といいます。

錯視の魔術　37

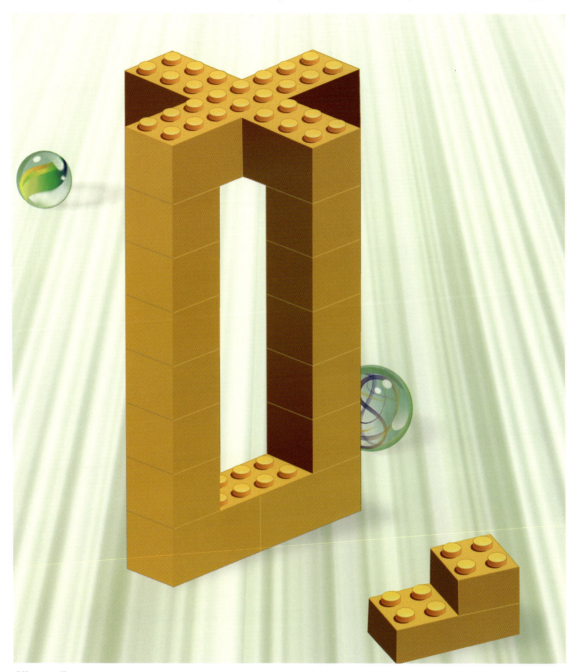

何が起きているのでしょう？

不可能立体とは、現実の世の中では存在できない構造を持つ立体のことをいいます。けれどもだからといって、不可能立体を絵で描けないとは限りません。自分だけの不可能立体の錯視を作り出せないとも限りません。69 ページには、みなさんにも自分自身の手で、不可能立体を作れる方法が紹介されていますので、挑戦してみてくださいね。大体、ものの一部分がおかしな位置にあるとき、それは、不可能立体の一種である可能性があります。前後の位置がおかしかったり、上下のつながりがおかしかったりする場合も、きっと、不可能立体にちがいありませんよ。

ありえない姿の不可能図形

線と空間

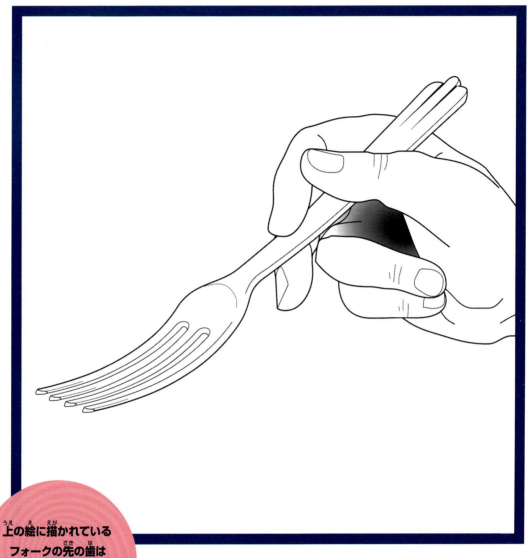

上の絵に描かれている
フォークの先の歯は
何本かな？3本かな？
それとも4本かな？

このフォークの絵をよく見てくださいね。どこがおかしいか、みなさんは分かりますか？そう、フォークの先っぽまで見ていくと、歯は4本あるように見えるのに、おやおや？持ち手側のつけ根まで見ていくと、フォークの歯は3本しかないのです！この絵をスキャナーで取りこんで印刷するか、コピーを取るかしてみましょう。そして、その紙の上のフォークを色塗りできるか試してみてください。みなさんきっと、フォークの線の中を塗るのがとっても難しいと、すぐに気がつくはずですよ！

錯視の魔術　39

上の絵のサルたちを別の紙に写し取って、サルの輪郭線の中を色塗りすることができるかな？

じいっと見つめていると、上の絵のサルたちの姿に色を塗るなんて、絶対不可能だと気がつきますよ。だって、サルたちの輪郭は、線でつながっていないんですから。不思議な不思議な「ありえない姿のサル」の絵です！88ページをめくってください。今度はみなさんが自分自身の手で、不可能図形である「ありえない姿の動物」を描く方法が紹介されていますよ。

線と空間

魔法のワイングラス

ちちんぷいぷい、魔法を使って、ワイングラスをお皿の上から移動させることができるかな?

本を上下さかさまにひっくり返すと、あら不思議!お皿の上にあったワイングラスが移動して、テーブルの上にじかに立って見えるよ。

何が起きているのでしょう?

「Camilla(カミラの店)」と書かれたお店のショップカード。本を上下さかさまにしても、やっぱり「Camilla(カミラの店)」と読むことができるでしょう?このようにさかさまにしてみても、いろんな違う方向から眺めてみても、読み取ることができる線画のことを「**アンビグラム**」といいます。アンビグラムの中には、ひっくり返しても同じ見え方や読み方ができるものの他に、視点によって、違う見え方や読み方になるものもありますよ。

上下で間違いを探そう

みんなはこの写真に写っている二人の女の人を見て、違うところはどこか見つけられるかな？答を確かめたかったら、本を上下さかさまにひっくり返してみよう！

青いメガネをかけている女の人は、どこか変だよ。だって実はこの女の人、目と口がさかさまになっているんだ。本をぐるっとひっくり返してみてね。まるで鬼のように怒った顔をしているよ！

何が起きているのでしょう？

みなさんの脳は、人の顔を眺めるとき、正しい向きで見ることにすっかり慣れてしまっています。だから、目や口、鼻の位置など、顔の部位に関するどんな小さな変化も見逃しません。けれど上下さかさまに逆転した顔を眺めたとき、みなさんの脳は、その顔の部位の変化を正確に見つけられなくなるのです。おもしろいことに、脳は自分がきちんとその顔を認識できているつもりでいます。なので、みなさんも脳と一緒に、上の写真にはおかしなところなど何もないと思いこんでしまうのです。本を上下ひっくり返して見れば、いとも簡単に、全くもっておかしな顔だということが分かるのに、不思議なものですね！この錯視の魔法は、かつてイギリスの首相をつとめていたマーガレット・サッチャー元首相にちなんで「サッチャー錯視」と呼ばれています。同じイギリスのヨーク大学、ピーター・トンプソン教授が初めてこの錯視の魔法を作り出したときに、サッチャー元首相の顔写真を使ったからなんですよ。

線と空間

2つの顔を持つ動物

右にある2種類の絵を見てみてね。何がいるかな？アヒル？ウサギ？それともイルカ？

右の、黄色い背景の「アヒルとウサギのだまし絵」は、心理テストのために作られた、最も歴史の古い「**多義図形**」の1つです。今では、何千種類ものバリエーションの違う「アヒルとウサギのだまし絵」があるんですよ。下の絵は、それら全ての元となった絵です。アメリカの心理学者、ジョセフ・ジャストローが論文の中で初めて使用したものです。けれど、ジャストローが論文に使用するずっと前から、このだまし絵は存在していたかもしれませんよ！もっと古い「アヒルとウサギのだまし絵」が存在していることが分かったら、びっくりおもしろいですね！

何が起きているのでしょう？

このページの錯視の魔法は、科学者たちが多義図形の「視覚的競合」と呼ぶものの良い例といえるでしょう。難しい言葉ですが、もう一度右の2つの絵を見てくださいね。つまり、上の黄色い背景の絵は、アヒルにも見えるしウサギにも見えます。下の青い背景の絵は、イルカにも見えるしウサギにも見えます。でも、どちらの動物にも見えるということは、逆にいいかえると、脳がこの絵はウサギにちがいない、とすぐに最有力の判断を下せない絵であるともいうことができるのです。つまり多義図形の「視覚的競合」とは、絵があいまいで、見るものの判断に迷うほど2つのものの姿が拮抗している、と説明することができるでしょう。

錯視の魔術 43

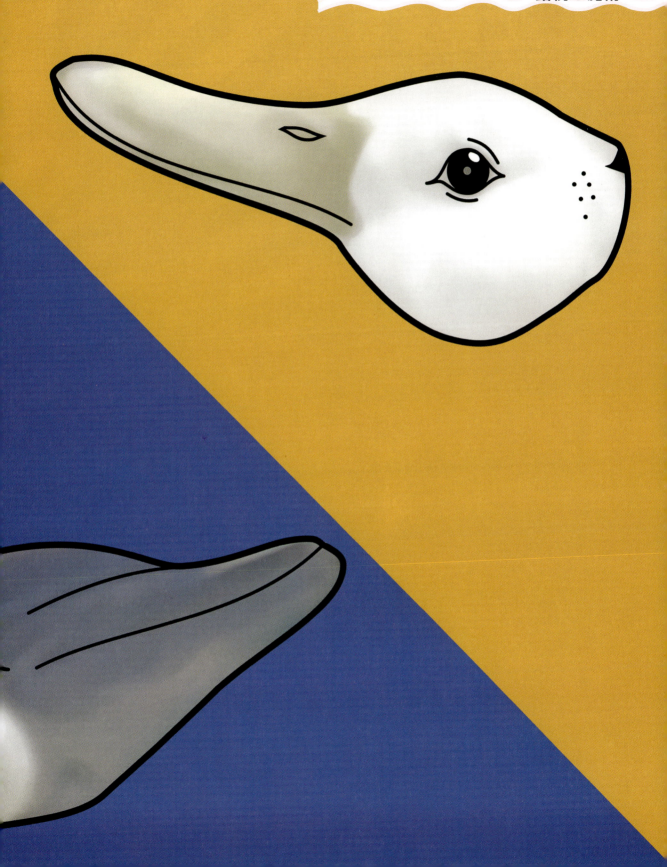

動いて見える

この世界には、動かないものも、変わらないものもない。ギリシャの哲学者、ヘラクレイトスはこう言っていたよ。「万物は流転する」。つまりこれは「この世界に存在する全てのものは、たえまなく変化し続ける」ということ。動き続けることは、生きていることの証の一つなんだ。速く動くものもあれば、動くのがとっても遅くて、止まっているように見えるものもある。たとえば、成長している樹木とかね。

みなさんの目は、光や動きにとても敏感なので、ときに、止まっているものまで動いているように見えることがあります。これは、気がついていないけれど、実はみなさんの目の方が細かく動いているからなのです。目は、一つのものを見定め、じっと見つめているわけではありません。それどころか、みなさんの目は、つねにきょろきょろと動きまわっていて、おもしろく感じるところを見つけ出そうとしています。これは脳が、見ているものの全体の様子から、頭の中に「自分だけの記憶の地図」を描こうとしているのです。研究者は、この不規則な細かい目の動きのことを「サッケード（急速性眼球運動）」と呼んでいます。82ページには、みなさんが自分自身の手で、錯視の魔法をあやつり、動いて見える絵を描くことができる方法を紹介していますよ。

緑色の輪っかをじいっと見つめてみよう。流れるように動き出して見えるかもしれないよ。

なめらかに流れ出す!?

何が起きているのでしょう？

白と黒の線の組み合わせが、目のサッケード、眼球運動により、次々と残像を作り出します。こうしてできたたくさんの残像と緑色の輪っかが混じりあうことで、みなさんの脳は、見ているものがまるで流れるように動いて感じるというわけなのです。

46　動いて見える

流れ落ちる水

細長い青い線には、一体何が起きているんだろう？

絵をじいっと見つめていると、青い線が、上へ下へとねじれ始めて見えてくるよ。まるで水が流れ落ちているみたいだ。

何が起きているのでしょう？

この魔法を見ている間中、みなさんの目が動くたびに、残像が生まれます。次々生まれる残像が前の残像と重なって競いあうことで、ちかちかしてまるで流れ落ちるように見えるという、おどろきの現象が起こるのです。この現象は、サッケード、眼球運動によって、みなさんの目がたえまなく動いている限り、ずっと続きます！

どくどくふくらむ怪奇のハート

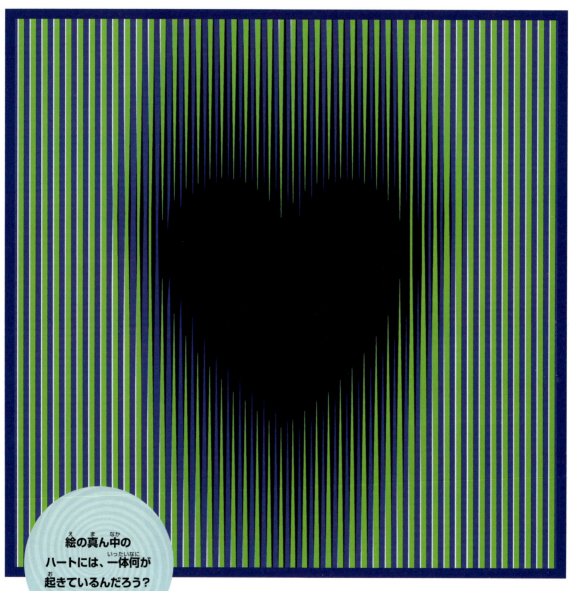

絵の真ん中のハートには、一体何が起きているんだろう？

じいっとハートを見つめてから、目をつぶってみよう。
だんだん白いハートが見えてくるよ。
※見え方には個人差があります。

しばらく見つめていると、中央の暗い色のハートがどくどくふくらむように見えるよ。

何が起きているのでしょう？

中央のハートの形は変わってないし、ふくらんでもいません。けれど、細くてはっきりした色のしましまの線に囲まれて、ハートの外側の輪郭がぼやっとかすんでいるため、ゆっくりと縮んでいくように感じます。目でとらえられる刺激が少ないからです。それによって、まるでハートがどくどくふくらむような印象を受けるのです。

48　動いて見える

うずまくぐるぐるの渦

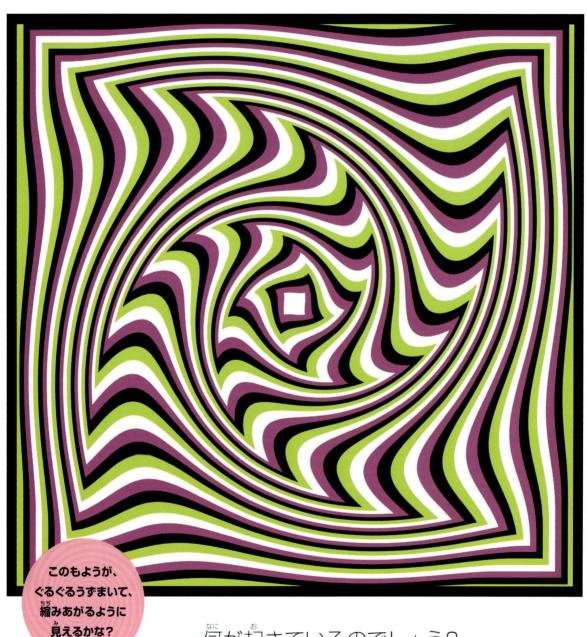

このもようが、ぐるぐるうずまいて、縮みあがるように見えるかな?

真正面ではなく、視界の端っこの目のすみでもようを見てみよう。

何が起きているのでしょう?

色や明るさの強い対比が繰り返されると、まるでそこに動きがあるように感じる場合があります。みなさんの視覚系、特に視界の端から見る**周辺視野**は、暗い色より明るい色をすばやくとらえます。色をとらえる速さに違いがあるから、私たちにはこのもようが動いているように見えるんですね。

錯視の魔術 49

宙に浮かびあがる**ハッシュタグ**

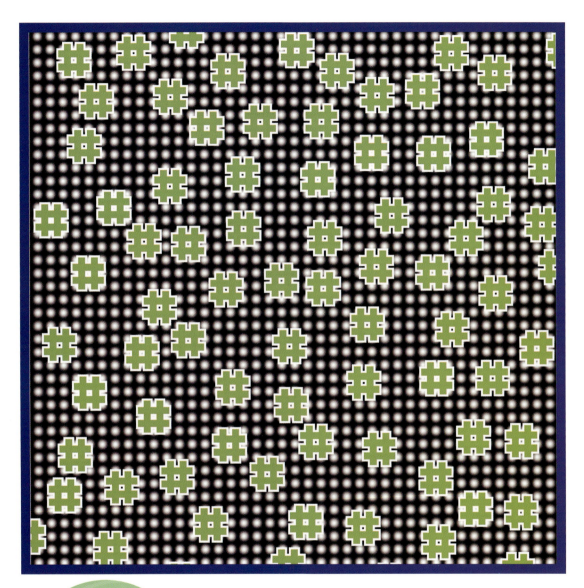

しばらくの間、この絵を見つめてみよう。ハッシュタグが後ろの背景から浮きあがって、ふらふら動き出して見えるかな？

何が起きているのでしょう？

この現象は、みなさんの脳が、はっきり見えるもの（この場合はハッシュタグになりますね）と、ぼやけた後ろの背景を別々に分けてとらえるから起きるものです。さらにはハッシュタグが二種類以上あるように見える人もいます。実際には全て同じ。ハッシュタグは一種類しかありません！いろいろな種類があるように見えるのは、ぼやけた背景のせいで、ハッシュタグの本来の形がゆがんで見えるからなのです。

ぴかぴかきらめく四角

ぴかぴかきらめく
このもようを
じいっと見つめてみよう。
一体何が起きるかな？

このもようのあちこちに視線を動かすと、小さな点がぴかぴかきらめいているように見えるね。

何が起きているのでしょう？

ぴかぴかきらめいて見えるこの現象は、点を取り囲む黒い放射線と、目のサッケード、眼球運動によってひき起こされます。サッケードについてのくわしい解説は44ページでお話ししましたね。

きらきら波打つ星

何が起きているのでしょう？

上の図版のこのきらきら波打つような動きは、みなさんの目の中にある**中心視野**と周辺視野の間の違いによって、ひき起こされます。**中心視野**はとても鋭敏で、色に対して敏感です。逆に**周辺視野**は、動きに対して敏感です。この中心視野と周辺視野の特徴の違いによって、上の図版がまるで動いて見えるという、錯視の魔法がかけられるというわけなのです。

青、赤、黄、3色のこの螺旋もようをじいっと見てみよう。ぱっと光ってきらきら波打つように見えるかな？

脳

脳の働きがないと、おそらく世界の見え方は大きく変わってしまうだろう。脳が頑張って働いていないと、みんなに見える世界はきっと、白黒のモノクロで、上下が逆さまで、真ん中に大きな穴があいたものにちがいないよ。

みなさんの脳は実に優秀で、目には見えない部分をうめるのが得意なのです。びっくりするかもしれませんが、実はみなさんの両目の裏側には、一つずつ穴があるのです。これを「盲点」といいます。盲点には、脳と目をつなぐ視神経が通っています。しかし、ふだんみなさんが盲点に気づくことはありません。なぜならみなさんの脳は何かを見たとき、足りないところを補って調整し、視界にあいた穴をうめることができるのです！脳は、目で見ているものの「構造」を補っています。つまり、視野の欠けた部分をうめるように、不完全な形には、存在しない輪郭や線まで頭の中で書き足しているのです。このことを、「主観的輪郭」といいます。

パックマンの魔法

この黒い形の間には、みんな、一体何が見えるかな？

パックマンの魔法が上手にかかっているＡの図の中心には、はっきりと白い三角形が見えているね。でもＢの図のように、パックマンを回転させてしまうと…魔法がとけて、三角形が消えてしまうよ。

何が起きているのでしょう？

Ａの図では、脳は読み取った情報から主観的輪郭を補い、中央の三角形を完成させているのです。Ｃの図のように、パックマンの魔法に加えて四角を配置し、グラデーションがかけられると、より視覚効果が強まり、中央の三角形がさらにはっきりと見えてきます。まるで、三角形に後光がさしているみたいですね！Ｄの図では、チョウチョとじゃれあうネコが見えるでしょうか。どちらも輪郭は不完全なものなのに、なんの動物かすぐに分かりますね。みなさんの脳は、頭の中に記憶している知識や経験をもとにして、欠けている輪郭の足りない部分には主観的輪郭を付け足しているのですよ。

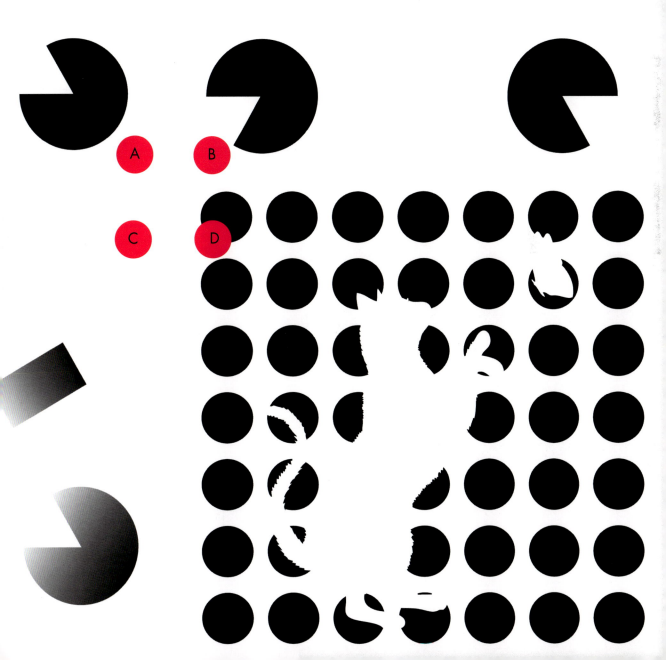

輪郭線のない3次元の立体物

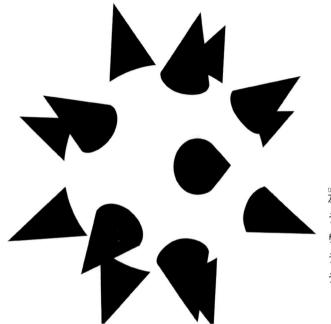

左に示した
2次元の平面図が
3次元の立体物に
見えるのは
一体なぜだろう？

左の図は、まるで、トゲにおおわれた3次元の球体のように見えますね。真っ平の平面の絵ですし、輪郭線もありません。それなのに、みなさんの脳は、この黒いもようを、球体から飛び出しているトゲだと感じ取ります。どうしてこんなことが起こるのでしょう？

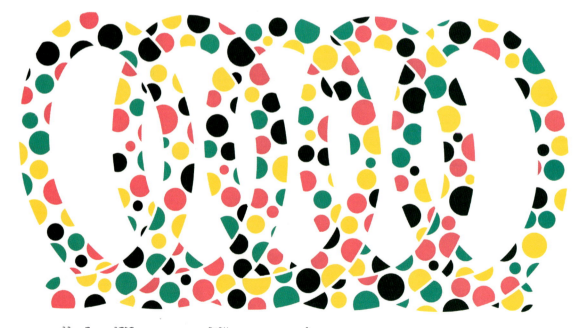

上の図は、水玉もようのついた立体のバネのように見えます。だけど、やっぱりバネの輪郭線はありませんよね？実際、目の前には立体のバネは存在しません。平面の絵の上に、ただ色とりどりの円や半円がちりばめられているだけなのに、まるで立体のバネがそこにあるかのように見えるのです。

色が生み出す輪郭

このページでは、色が主観的輪郭を生み出す錯視の魔法を紹介しているよ。

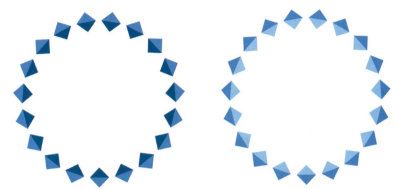

上の図をじっと見てください。左の輪っかの中に、うすい灰色の円があるように見えるでしょう。そして右の輪っかの中には、それよりもさらに明るい色の円があるように見えますね。どちらの輪っかの中も背景の色は同じく真っ白なのに、一体どうしてでしょう？

円と円の間にそれぞれ四角形が見えるでしょうか。左側には、ちょっと暗い色の四角形が、右側には、左よりも明るい色の四角形が見えるはずです。どちらの背景も同じ黄色なのに、一体どうしてでしょう？

何が起きているのでしょう？

このページの錯視の魔法は、どれも四角形や円の上に塗られた色の違いによって、主観的輪郭が生み出されたものです。明るい色は明るい色の形の輪郭を、暗い色は暗い色の形の輪郭を作り出します。こうした色の違いにより、主観的輪郭から生み出される形の色調も変わってくるのですね。

残効という不思議

みんなの目が長い時間、刺激を受け続けた後に、生じる錯視の魔法のことを**「残効」**というよ。残効には、たくさんの種類があるんだ。特に、色の残効のことは、「残像」と呼ぶことが多いよ。

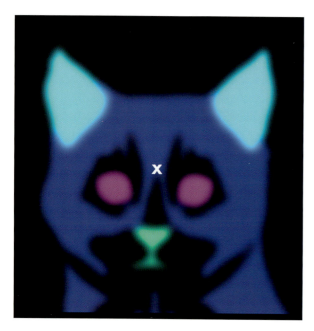 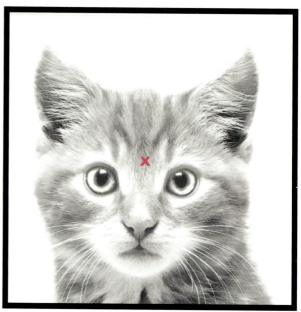

右上の白黒のネコの写真を、フルカラーの写真に変えることはできるかな？

左側の、色がついたネコの写真の真ん中に、小さな白いバッテン印があるのは分かるかな？そのバッテン印を30秒くらいの間、じっくり見つめてみよう。30秒経ったら、ぱっとすばやく右側の白黒のネコの写真に視線を移そう。

みんなが右側の写真にぱっと視線を移したとき、一瞬白黒のネコの写真の上に色がついて見えなかったかな？でも、左側のネコの色とは違う色が見えたでしょう？不思議だね。

何が起きているのでしょう？

ある色を長く見つめ続けると、その色と反対の色、補色にあたる色の、残像が見えてきます。例えば、補色の組み合わせとして、赤↔緑、紫↔黄色、青↔オレンジなどがあります。だから左側の青ざめたネコの写真を見た後に、ぱっとすばやく目を移すと、右側のネコがオレンジ色に見えてしまうのです。色の残効である、「残像」現象が生じたのですね。

ぼやけた顔

錯視の魔術　57

簡単な錯視の魔法の実験で、はっきりとピントがあったきれいな写真まで、ぼやけているように見えてしまうよ。確かめてみよう！

上の段の2枚の写真の間に、白っぽい色の星のマークがあるよ。この星を、20秒〜30秒ほどじいっと見つめてね。それからすぐに、下の段の2枚の写真の間の、きみどり色の星のマークに視線を移してみて！

みんな、ほんの数秒の間だけ、左下の女の人の顔写真が、右下の女の人の顔写真と比べて、ぼやけて見えなかったかな？下の2枚は全く同じ写真なのに、不思議だね。

何が起きているのでしょう？

この錯視の魔法は、研究者が「明暗順応」「明暗調節」と呼ぶもので、目の中に生じる残効がもとになっています。この実験から、ピントのずれたぼやけた写真をずっと長く見続けると、ぱっと目を移したときに見た、他のものまで見え方が変わってしまう、ということが分かりますね。

いたずら好きな妖精レプリコーン

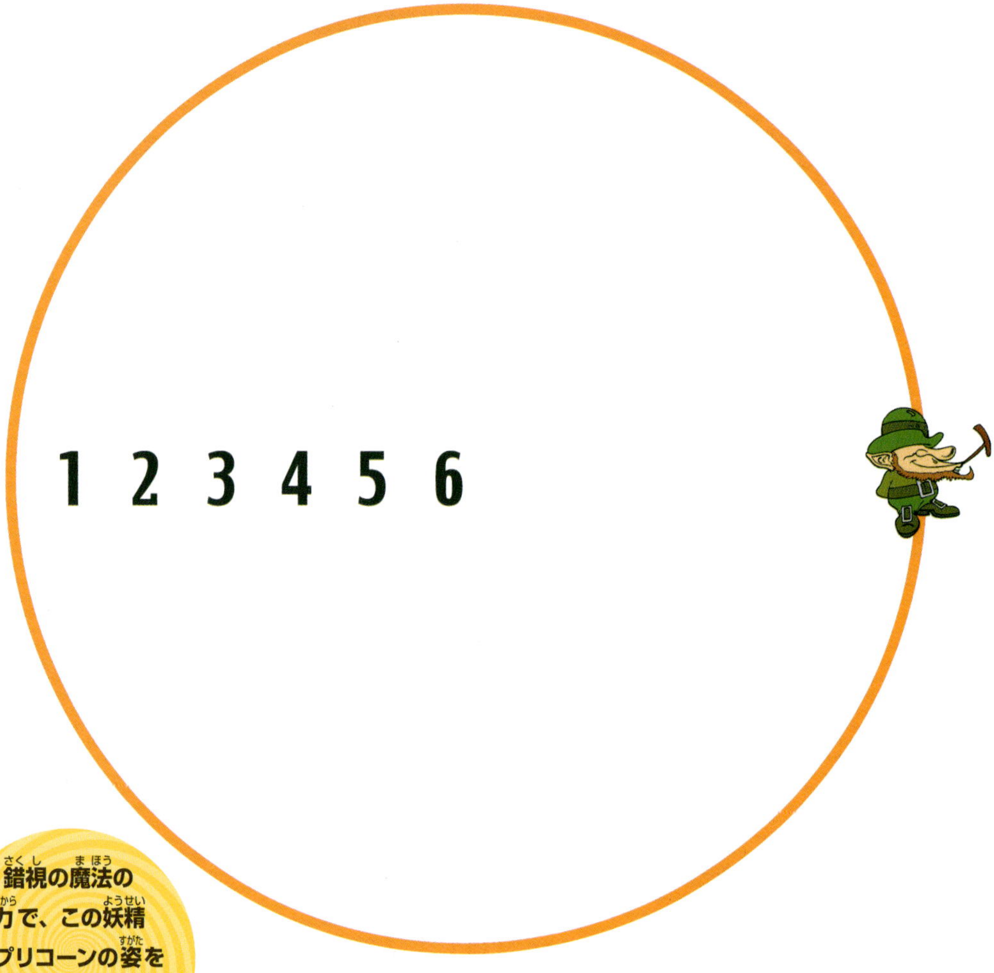

1 2 3 4 5 6

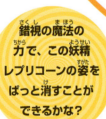

錯視の魔法の力で、この妖精レプリコーンの姿をぱっと消すことができるかな？

何が起きているのでしょう？

みなさんのそれぞれの両目の中にある盲点は、光を感じることができる視細胞、光受容体を持っていないのです。だから妖精レプリコーンの姿がこの盲点部分に入りこむと、まるで消えてしまったかのように見えるのです！フランスの科学者、エドム・マリオットは1660年、人間の目の中にある盲点の存在を初めて発見した人物です。

本を真正面に持ち上げて、目から30cmくらい離して、上の図版を見てみよう。左目をつぶり、右目に意識を集中したら、6から1へ、ひとつひとつの数字を順番に見ていくよ。大きい数字から小さい数字へ、目線と一緒に口に出して数えてみよう。3まで数えたときに、あら不思議！妖精レプリコーンが、円からあとかたもなく消えちゃうよ。

錯視の魔術 59

にやにや笑うチェシャ猫

チェシャ猫の鼻をじいっと見つめながら、20まで数えていこう。だんだんネコの顔がぼんやりとうすくなり、消えていくのが分かるかな？

何が起きているのでしょう？

みなさんの目にとって、このチェシャ猫のあわい茶色と緑色は、色として非常に刺激が弱いのです。ネコの鼻一点に集中してじっと絵を見つめたとき、中心視野に比べると、色に対して敏感ではない周辺視野は、その色の弱い刺激をとらえられません。だから、チェシャ猫の顔がしだいに消えていくように見えるんですね。鼻から視線を動かすと、とたんにまたチェシャ猫の顔があらわれますよ。

色が消えてしまう点

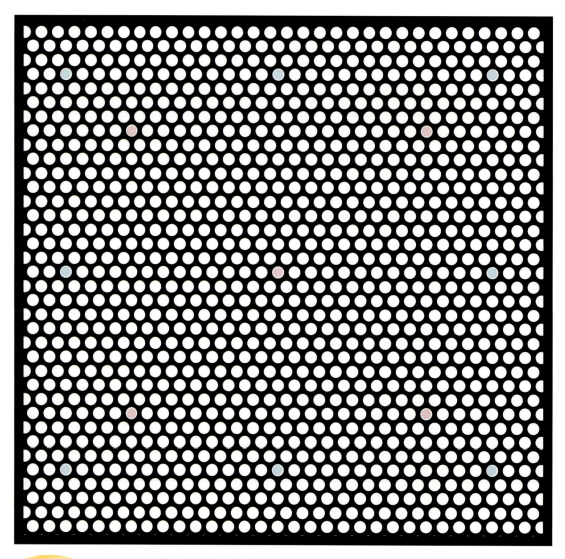

たくさんの小さな点が敷きつめられている上の図版の中に、ピンクの点と水色の点は、それぞれいくつ見つけられるかな？

上に示した図版の中にはピンクの点が5つ、水色の点が8つあるんだ。だけど、みんなの目と脳が一度に見つけることができる色のついた点の数はもっと少ないはずだよ！さあ、みんなは一度に全部、それぞれいくつまで数えられるかな？

何が起きているのでしょう？

色がついた一つの点に集中してしまうと、まるで他の点からは色が消えたように感じてしまいます。みなさんが細かいもように集中して見入るとき、脳が、そのもようの情報を全部正確に処理しきれなくなることが原因です。そんなときに、この視覚現象が起こるのですね。

割れたお皿？

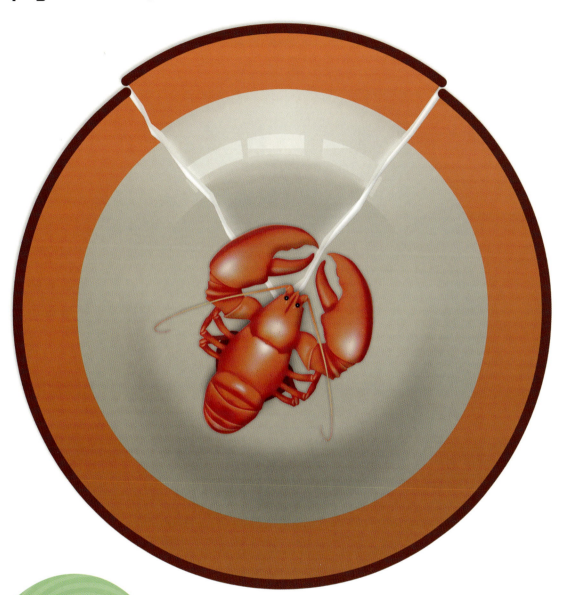

上の図に描かれたロブスターの目を、20秒くらいの間、じっくり見つめてみよう。すると、割れたお皿に、一体何が起こるかな？

しばらく見つめていると、お皿の割れ目がすっかり元通りに直っているはずだよ！

何が起きているのでしょう？

目の端、周辺視野でものを見るとき、みなさんの脳は気がつかないうちに、割れ目の線をきれいに修正しようとするくせがあるのです。だから、ひび割れのないまるくきれいなお皿に戻って見えたんですね。

脳

ステレオグラムという名前の
3D画像の不思議

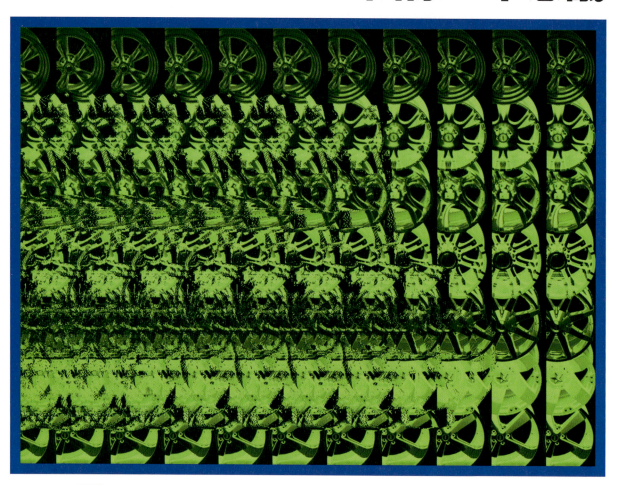

このカラフルなもようを、じいっと見てみよう。平面のページから立体の3D画像が飛び出して見えるかな？

　3Dとは3次元を表す言葉です。ステレオグラムとは、2次元の平面に描かれたもようの中に、3次元の立体的な画像、3D画像が隠れている魔法のような不思議な絵のことです。（両眼立体視とか、マジックアイとかの名前で呼ばれることもあります。）立体に飛び出して見える3D画像を見るためには、まず本を手に持って、ページに鼻がくっつくくらい顔を近づけましょう。このくらいまで近づけて見ると、描かれたもようには焦点があわなくなります。すると今度は代わりに、もようの背後に目の焦点があてられていきます。そうしたら次は、もようの中に隠れた3D画像が見えるまで、ゆっくりゆっくり本を鼻先から遠ざけていきましょう。くれぐれも目の焦点があって、もようそのものを見てしまわないように気をつけてくださいね。立体の3D画像を見るには、コツが必要です。見えてくるまで少々時間がかかるかもしれませんが、何度も挑戦してみましょう。

錯視の魔術 63

何が起きているのでしょう？

うまくいけば、左ページの平面のもようからは三輪車の3D画像が、右ページの平面のもようからはウサギの3D画像が、飛び出して見えてくるはずです。どんな3D画像が飛び出して見えるのか、答えを確かめたい人は、93ページを見てみましょう。3D画像が飛び出してくるステレオグラムの中に繰り返し描かれているもようは、脳に、立体物の奥行きに関する情報を送っています。脳がその奥行きに関する情報を受け取って、平面の中に隠れた3D画像に気づくことができるのです。（片側の目や、両方の目の見え方に問題がある人は、ここで示した立体の3D画像がうまく見えないかもしれません。）

実際にやってみよう！

この章では、簡単だけどとっても効力が強い、錯視の魔法を使ったおどろきの実験をたくさん紹介するよ。どのページで紹介している実験も、みんながお家で、友だちや家族と一緒に実行できるものばかり。特別な道具なんてなくても、びっくりするような錯視の魔法を使うことができるんだ。

サルコーネのL字型パズル

「線と空間」の章では、奥行きの感覚がいろんな錯視の魔法を生み出すことを学んだね。今回はその知識を応用して、巧妙にできたパズルを使い、他の人をだましちゃおうよ。

用意するもの
・カード用の厚紙
・赤と緑と青の色えんぴつ
・はさみ

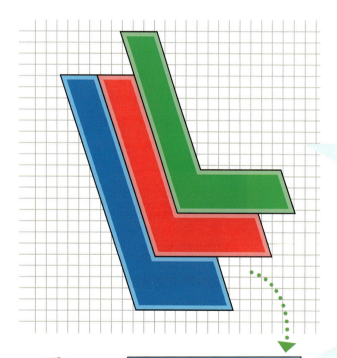

① カード用の厚紙の上に、左の図に載っているL字型の形を3つ、写し取りましょう。写し取ったL字型の形を、それぞれ赤、緑、青で3色に塗り分けましょう。色が塗れたら、はさみで切り取りましょう。実際に手を動かして、3つのL字型パズルを切り取ったみなさんは、赤いL字型のパズルと緑のL字型のパズルが同じ大きさだと、気がつくはずです。

② では、左下に示した例のように、3つのL字型のパズルをばらばらに散らばらせて、机の上の、友だちの目の前に置いてください。そして、こうたずねてみましょう。「さあ、ちょうど同じ大きさのパズルのピースはどれとどれかな？」きっとほとんどの人が、赤と青のL字型のカードが同じ大きさだって、答えると思いますよ。

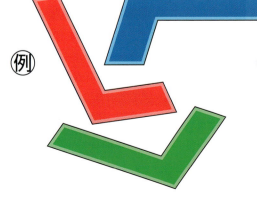
(例)

何が起きているのでしょう？

このサルコーネのL字型パズルのように、ななめになっている形の大きさを判断するのは、とても難しいことなのです。パズルのピースの辺の長さ、置かれた位置や角度、散らばり方の奥行きなど、全ての情報が混ざって、みなさんのものを見る目が惑わされてしまうのです。20〜21ページにも、奥行き感覚と関係している錯視の魔法の例を、いくつか紹介しましたね。もう一度読み返してみると、理解が深まるかもしれませんよ。

錯視の魔術　65

おぼんの上からグラスを移動させるには？

40ページで見た不思議なグラスの絵と、錯視の魔法の力について読んだことを思い出しながら、このページで紹介する実験を試してみよう。

用意するもの
- トレーシングペーパー
- 紙
- 色えんぴつ

1 92ページにも、おぼんの上にグラスが2つのっている同じ絵があります。トレーシングペーパーを利用して絵を紙の上に写し取りましょう。写し取れたら色を塗ります。カラーコピーを取ってもよいでしょう。できたら、魔法を見せたい相手に「今から不思議なトリックを使って、おぼんの上からグラスを1つ、移動させるよ」と伝えます。

2 紙を手に持ち、見ている相手に絵の描いてある方を見せます。そしてそのまま、絵を隠すように、向こう側へたおし、上から下へ、半分に折りたたみます。

3 次は、相手から見て右から左へ、さらに半分に折りたたみます。

4 さあ、今度は逆に開いていきますよ。まずは、見ている人から後ろ側、つまりみなさんの手前にある方の紙を横に開いてください。それから、図で示した通り、相手に絵を見せるように、紙を縦に開きます。

5 見ていた人たちは、おぼんの上からワイングラスが本当に移動したので、びっくりおどろいたことでしょう。みなさんには、相手がはっと息をのむ音が聞こえたのではないでしょうか。本当は、ただ、絵を上下さかさまにひっくり返しただけなのにね！

66　実際にやってみよう！

ガラスのコップの中の光学：ひっくり返る魚

この錯視は、不可能を可能にする、とまでは言い過ぎかもしれないけれど、少なくとも不可能を可能にしているように見える、光の力を利用した魔法だよ。でも、用意したのは水が入っているだけでどこにでもあるようなガラスのコップ。この中に、一体どんな魔法の力が秘められているのかな？

用意するもの
・紙
・色えんぴつ
・ガラスのコップ
・水

1 紙の上に2匹の魚の絵を描きましょう。そして上下それぞれ反対の色同士、補色に色を塗ってくださいね。

2 準備ができたら紙を立てて置きます。次に、透明で、中がからっぽの底の丸いガラスのコップを用意します。ガラスのコップは魚の紙の手前に置きましょう。

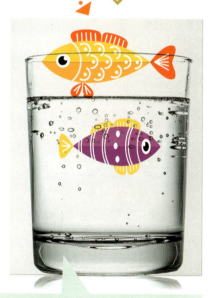

3 水をある一定のところまで注いでいきます。下の魚がちょうど浸るくらいのところまでですよ。きっと予想もしていなかったことが起こるはずです！なんと、下の魚が、反対の方向を向いて泳ぎ出したではありませんか！一体、どんな魔法がかかったんでしょうね？

何が起きているのでしょう？

この実験は、「光の屈折」という、とても簡単な物理学の考えにもとづいて行われたものです。光は透明な物質の中を通りぬけるときに、曲がって進みます。例えば、光の光線は、虫眼鏡を通りぬけるとき、中央に向かい曲がって進みます。これが光の屈折です。光の光線が寄り集まってくる真ん中の点のことを「焦点」といいます。この焦点を通り越すと、今度は、画像がひっくり返って見えます。右の図版で示したように、光の光線は焦点で交差すると、反対の方向に広がって進みます。そしてさかさまになった画像を結ぶのです。だから、水がレンズの代わりになって、魚が反対方向を向いて泳いでいるように見えた、というわけなのです！

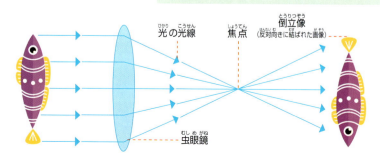

錯視の魔術

トイレットペーパーで作る「スクエアクル－丸四角－」

3次元の立体を使った錯視の魔法の中から、「あいまいなシリンダー錯視」の考えにもとづいた実験を紹介しよう。これは、日本の研究者、杉原厚吉が発表した錯視の魔法なんだよ。この独特の形は「スクエアクル」という名前で知られているよ。日本語だと「丸四角」、つまり、四角い形と丸い形が一緒になって混ざっている立体を意味しているんだね。

用意するもの
- トイレットペーパーの芯
- えんぴつ
- はさみ
- 鏡

1
トイレットペーパーの芯をぎゅっと押しつぶし、平らにしましょう。それから一度元の筒型に戻します。2箇所芯に折り目がつきましたね。その折り目の片一方が真ん中にくるように持ちかえて、もう一度ぎゅっとしっかり押しつぶしましょう。上から2cmくらいのところに、目印となる3つの点を打ちます。1つは芯の真ん中を通る折り目の上に、あとの2つは両端の折り目の上に打ちましょう。

2
目印の3つの点を利用して、上の写真のように、波打つような線をひいてください。波の曲線のカーブが深くなりすぎないように気をつけましょう。

3
線にそってトイレットペーパーの芯を切りましょう。こんな風にゆるくカーブしたふちどりの、立体ができたはずですよ。ちょうどひし形（四角）の筒と円形（丸）の筒の中間みたいな立体になりましたね。

4
このできあがった立体を、鏡の前に置いてください。立体の映り方を調節したら…さあ、魔法がかかりますよ！みなさんの脳は見ている視点にあわせて、見えているものを常に「修正」しています。だから、みなさんが手元のトイレットペーパーの芯を見下ろすと、ちゃんと四隅に角がある四角い筒に見えるのに、鏡に映っている姿へ目を移すと、完全な丸い筒に見えてしまうんですね。

68　実際にやってみよう！

奥行きを感じて遊ぼう

32ページで紹介した「ハイブリッド画像」の魔法では、見る人の距離によって、全く違ったものが見えるということを学んだよね。今度はみんなの番だよ。ものの奥行きを感じる錯視の魔法を、自分でも使えるように挑戦してみて。

用意するもの
・紙
・色えんぴつ

1 下に「折れたボールペン」の写真が載っていますね。これを長方形の紙の上に、カラーコピーを取るか、もしくはそっくり真似をして絵を描くかしてみてください。そのときに、折れたボールペンだけではなくて、まっすぐに伸びている影も忘れずに写し取ってくださいね。

2 ちょうどペンの「折れているところ」に紙の折れ目もくるよう、ボールペンの絵を描いた紙を半分に折りたたみます。今度は、一度半分に折りたたんだ紙を開いてみましょう。折った紙の両面をまたいで、立体的にペンが突き立ち、飛び出して見える角度があります。紙の開きの角度を上手に調整してみてくださいね。

何が起きているのでしょう？

これは、難しい言葉でいうと「アナモルフォーシス」といわれるだまし絵の一種です。ある一定の角度から見るとまるで形が変わって見える、ゆがんでいる画像が使われます。このアナモルフォーシスは交通標識にもよく利用されています。路面に書かれた文字や、方向指示の矢印に用いると、運転手が車を運転しながらでも、より読みやすく感じるんですよ。

錯視の魔術

不可能な三角形の立体を作ろう

36〜37ページでは、この世には絶対存在しない立体を作り出して、奥行き感覚がひき起こす、おかしな錯視の魔法について学んだね。このページではみんなに、その不可能立体を実際に作ることができる、おどろきの方法を教えちゃうよ！

用意するもの
- サイコロ 14こ
- 弓のこ
- 強力接着剤
- カメラ

1

まずはじめに、大人の人にたのんで、下の図のようにサイコロの表面を2面だけ、うすく切り取ってもらいましょう。サイコロはとても硬いですし、2面だけうすく、しかもL字型に切り取るのは、大人でもとても大変な作業です。なので、できるだけ切れ味のよい弓のこが必要です。

注意！！！
この実験には危ない作業があるよ！なので、危ない作業は、大人の人に手伝ってもらえるようお願いしよう。

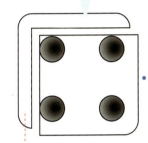

L字型に切り取った部品

2

下の写真と同じように、サイコロの面と面を強力接着剤でくっつけていきましょう。1列のサイコロの数を間違えないように気をつけてくださいね。

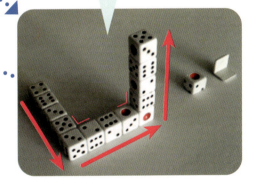

3

最後に、縦に積み上げたサイコロの塔の横に、うすく切り取ったL字型の部品を、強力接着剤でくっつけます。角度と位置に注意しましょう！

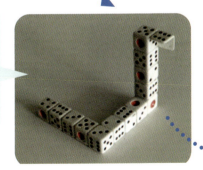

4

でき上がったサイコロの模型を回転させていくと、ある角度で、3つの側面から成る「不可能な三角形の立体」が出現しますよ。カメラを使って、ちょうど「不可能な三角形の立体」に見える角度から、写真を撮ってみましょう！（写真を撮るのにちょうどいい距離を探しながら、カメラをかまえる位置にも気をつけてくださいね。）撮った写真をみなさんの友だちに見せて、びっくりおもしろがらせてあげましょう。

70　実際にやってみよう！

視覚的にも心理学的にも邪魔する脳の落とし穴

下に示した2次元の平面パズルを使って、みんなの友だちが、自分の脳の思いこみに打ち勝てるかどうか、困らせてみよう！
みんなの友だちはこのパズルを解くまで、どれぐらいの時間がかかるかな？

用意するもの
・トレーシングペーパー
・カード用の厚紙
・えんぴつ
・はさみ

1 左の図と同じ形になるように、トレーシングペーパーを利用して、カード用の厚紙の上に、3つの形を写し取りましょう。写せたら、ピースをそれぞれはさみで切り取ります。

2 みなさんの友だちに「この3つのピースを使って、左右対称のアルファベットの大文字を1文字、作ることができますか？」とたずねてみましょう。ピースは回転させてもいいし、表裏をひっくり返してもかまいません。でも、ピースとピースを重ねるのはだめですよ。正しい答えは右の図のようになります。アルファベットの『Y』の大文字ができあがりましたね！

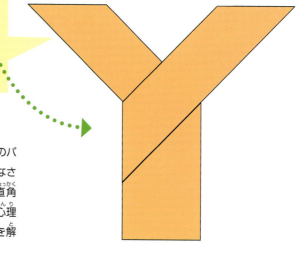

何が起きているのでしょう？

みなさんの友だちは、脳の、ある心理的な思いこみのせいで、このパズルを解くのは難しい、と感じてしまうにちがいありません。みなさんの脳は、ついつい、それぞれのパズルのピースの角がちょうど直角になるように配置しようと指令を出してしまいます。視覚的にも心理学的にも、その思いこみが大きな落とし穴となって、このパズルを解く邪魔になり、正しい答えを導き出せなくなってしまうのですね！

錯視の魔術　71

壁を通りぬけて歩く方法

小さな手鏡を使って、壁を通りぬけたり、空さえ飛べたりする方法があるよ。みんなもそんな方法があったら、知りたいでしょ！

用意するもの
・長方形の形をした小さな手鏡

左の写真のように、長方形の形をした小さな手鏡を鼻のすぐ下にあてて持ちましょう。それから、鏡に映る景色をのぞきこみながら、部屋中を歩きまわってみてください。一体、何が起きるでしょうか？

何が起きているのでしょう？

しばらくして慣れてくると、鏡に映って足元にあるように見えるものが、本当に自分の目の前に繰り広がっている景色だと感じられてくるでしょう！硬いものをすりぬけたり、空中に浮かんで歩いたりしているような気分になるのではないでしょうか。鏡は、ときにみなさんの方向感覚を狂わせます。よくみなさんは、鏡が右と左を逆に映し出している、と思いこんでいるのですが、実際には、鏡は左右をひっくり返して映しているのではないのです。右の図版をよーく見てくださいね。本当は、右と左ではなく、前と後ろが逆になって映っているのです。だから、鏡を見ているうちに、方向感覚がおかしくなってしまうというわけなのですね。

実際にやってみよう！

丸い円から四角へ大変身！

トポロジーとは、位相幾何学という学問で、トポロジストとは、36～39ページで紹介したような、もののおかしな形・ありえない形について研究している数学者のことをいうよ。先のページでも紹介したような、変わった形をした3次元の立体の中には、側面が一つしかないように見えたり、実際には輪のようにつながっていないのに、まるでつながっているかのように見えたりするものがあるんだ。このページでは、みんなだけに、丸い円の中に隠されている四角を見つけ出す実験方法を教えちゃうよ。

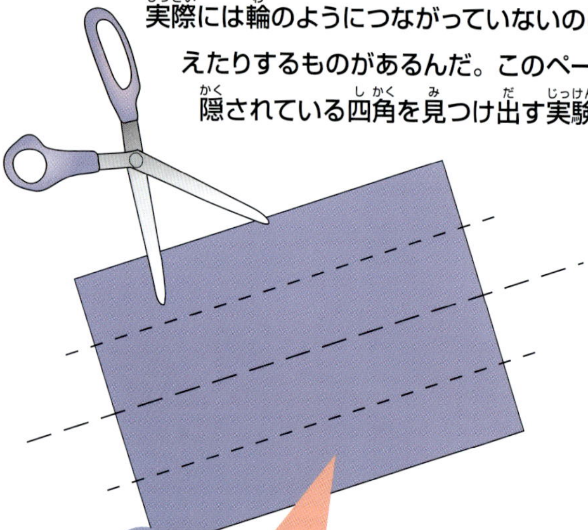

用意するもの
- 紙
- はさみ
- のり

1 長方形の紙の長い辺にそって、半分、さらにそのまた半分と、2回折りたたみましょう。しっかりと、折り目をつけてくださいね。一度もとのように紙を開いてください。折り目が3本つきましたね。その3本の折り目にそって、紙を切り分けていきます。細長い帯状の部品が、4本できあがりましたか？

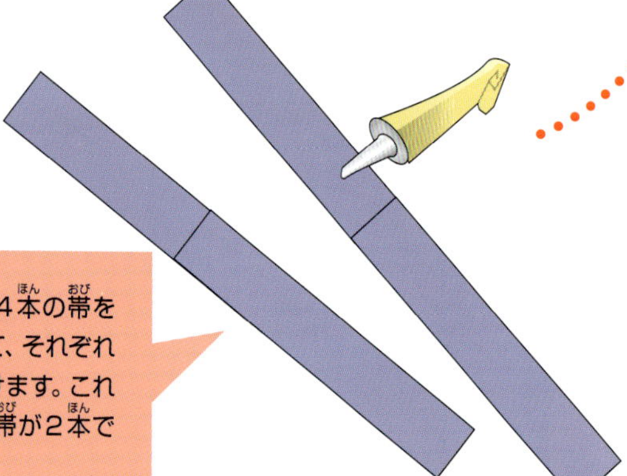

2 できあがった4本の帯を2本1組にして、それぞれのりでくっつけます。これで倍の長さの帯が2本できましたね。

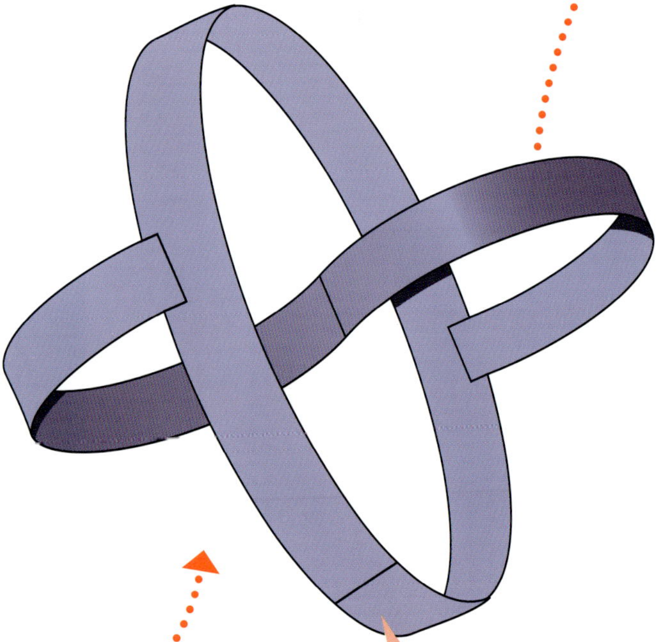

3 1本を手に持って、端と端を、きれいな輪っかになるようにのりづけします。それができたら、残った帯を上の図版で示したように、先ほど作ったきれいな丸い輪っかの表（外）側と裏（内）側にのりづけします。できあがったこの形は、難しい言葉で説明すると「単側曲面」といいます。輪っかの表側を触りながらぐるっと一周し、今度は輪っかをつなぐ帯の表側を伝っていくと、なんと輪っかの裏側にたどりつきますよ！

※上の形のように、紙の表面をなぞっていくといつのまにか裏面に回って永遠に表面をなぞり続けることができる曲面のことを単側曲面といいます。つまり単側曲面とは表裏のない曲面のことであり、表裏の色分けが不可能な曲面といえます。

錯視の魔術　73

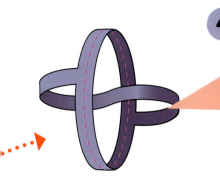

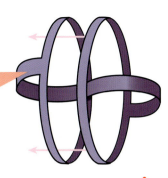

4 輪っかになっている方の紙の真ん中にはさみが入るよう、切りこみを入れます。切りこんだところにはさみを入れて、輪っかにそって、縦半分に切り分けていきます。細い輪っかが2つできあがりましたか？右の図版と同じような形になれば正解です。

5 今度は、右側の輪っかを、左側の輪っかの内側に通してひっ張りましょう。右の図版のような形になるはずです。2つの輪っかが細長い部品でつながっていますね。そうしたら次は、2つの輪っかの向きが揃うように、片方の輪っかを内側から外側にひねって反転させます。

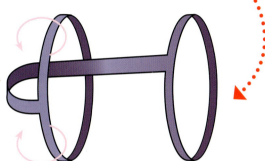

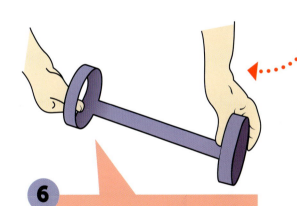

6 上の図版のようになりましたか？まるで紙でできた手錠みたいな形になりましたね。そしたら今度は、手錠の輪と手錠の輪をつなぐ細長い帯の部分を、はさみで半分に切り分けていきましょう。

7 切ったところを広げてゆくと…なんと！先ほどまで輪っかだった形が、あら不思議、きれいな四角に変わってしまいましたよ。

実際にやってみよう！

自分だけのホログラムを映すプロジェクターを作ろう

27ページでは、2次元で描かれている平面のもようが、まるで3次元の立体みたいに盛り上がって見える錯視の魔法を紹介したよね。今回はさらに一歩すすんで、自分だけの3次元の立体ホログラムを映し出す、ピラミッド型のプロジェクターを作ってみよう。

用意するもの
- 方眼紙
- えんぴつ
- はさみ
- 透明なCDケース
- 工作用ナイフ
- セロハンテープか強力接着剤
- スマートフォン

1 方眼紙に、台形の形を描きましょう。下の図の通りに、上底が1.25cm、下底が6.5cm、上底と下底をつなぐ辺の長さが4cmになるように描いてください。描きあがったら、型紙として使いますので、はさみで切り取ります。

2 この型紙を使って、透明なCDケースから、4つ台形を切り出します。工作用のナイフを使って、硬いCDケースを切り取る作業は危ないので、この作業は絶対、大人の人にお願いしてください。作った4つの台形の部品を強力接着剤かセロハンテープでくっつけて、頂上が平らになったピラミッドの形に組み立てます。

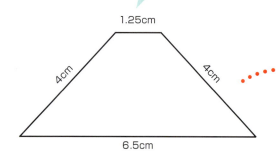

注意！！！ この実験には危ない作業があるよ！なので、危ない作業は、大人の人に手伝ってもらえるようお願いしよう。

3 スマートフォンからインターネットに接続しましょう。「ホログラム用動画」とか「3Dホログラムピラミッド」と検索ワードを入力すると、おもしろい動画が出てきます。いろいろありますから、見てみたいと思う動画を一つ選んでください。友だちや家族と相談して、一緒に選ぶのも楽しいですね。いよいよ動画の上映ですよ。

4 みなさんの持っているスマートフォンの画面の上に、先ほど作ったピラミッドの装置を置くのですが、ピラミッドをひっくり返して、必ず小さな底面が下になるようにします。ホログラム用動画を再生すると、ピラミッドの真ん中に、魔法の鏡に映し出されたかのように3Dホログラムが浮かび上がって見えますよ！

催眠術の円盤、ヒプノディスクを作ろう

錯視の魔術　75

催眠術に使われる円盤のヒプノディスク。世界に一つだけのヒプノディスクを手作りして、友だちが見ている世界をぐるんと変えてみよう。

用意するもの
- 紙
- CD
- 強力接着剤
- ビー玉

1　90ページのテンプレートの中に、このぐるぐるうずをまくうずまきの絵が載っています。コピーを取りましょう。コピーが取れたら、周りを丸くきれいに切り取ります。最後に、真ん中の小さな円の部分も切りぬいてください。

2　下の写真のように、接着剤を使って、うずまきの紙を、ぴったりCDに重なるように丁寧に貼りつけましょう。

3　CDの穴に、ビー玉をはめこんで、接着剤でしっかりと固定します。これで世界に一つだけのヒプノディスク、催眠術の円盤が完成しました！中央のビー玉をしっかりつかんで、円盤を右に左にぐるぐると回します。友だちには、あらかじめ「円盤が回っている間は、うずに集中して、じっと見つめていてください。そして円盤が止まったら、すぐに自分の手を見てください」とお願いしておきます。すると、みなさんの友だちは、自分の手がふくらんで盛り上がって見えるのに、びっくりするはずですよ！

何が起きているのでしょう？

この現象は、視覚の「順応」によるものです。はっきりしたうずきもようをじいっと見つめ続けることで、ほんのわずかな間だけ残像が生じます。その残像によって、直後に見た別のものの見え方まで変わって感じられたのですね。44〜45ページ、56〜57ページにも、これと同じ残像現象がひき起こす一例を紹介しましたよ。もう一度読み返してみてくださいね。

実際にやってみよう！

指さしサインはどこの向きを指しているかな？

下の図版のサインは、どちらの方向を指しているのかな？この不可解なトポロジー、位相幾何学のパズルを使って、友だちを困らせちゃおう！

用意するもの
- 紙
- 色えんぴつ
- はさみ
- 割りばしやアイスの棒など
- のりや接着剤

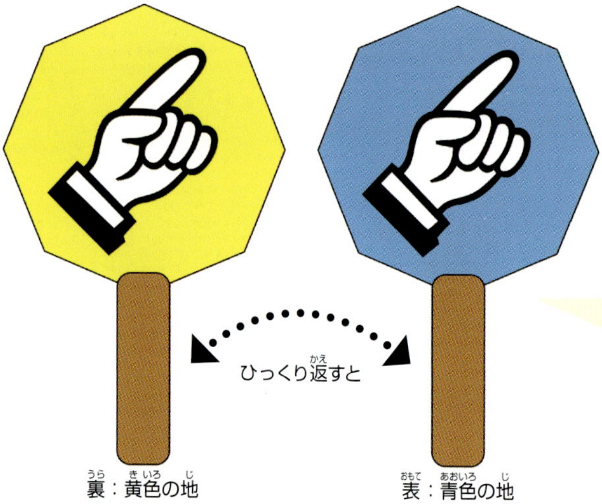

ひっくり返すと

裏：黄色の地　　　表：青色の地

1 左のような方向を指し示す指の絵が描かれた八角形のサインを作ります。表と裏の背景が補色になっていますね。これをカラーコピーしましょう。白黒でコピーした場合は、指のまわりの背景を黄色と青色、2枚がお互いに補色となるよう、塗り分けましょう。できたら、2枚とも八角形に切り取ります。表と裏を背中あわせにして、割りばしやアイスの棒を間にはさみ、接着剤で貼りつけましょう。

2 これで、みなさんオリジナルの指さしサインの道具ができ上がりました。指さしサインを、まっすぐ上に持って「裏面の指が指している方向はどっちかな？」と聞いてみましょう。裏をひっくり返すと、表も裏も同じ方向を指しています。さあ、ここからです。次は、サインを45度傾けて持ち、同じ質問をしましょう。その次は90度傾けて持ち、また同じ質問をします。意外な答えにびっくりすると思いますよ。

3 このサイン問題、一見簡単そうに感じますが、実はとても難しいのです。サインをまっすぐ持ったとき、表も裏も指は同じ方向を指します。でもサインを45度傾けて持ったとき、裏面の指は表面の指から90度、つまり直角にずれた位置を指すのです！そしてサインを90度傾けて持ったときは、なんと表面と裏面が、それぞれ180度、真反対の方向を指さすのです。びっくりでしょう？

何が起きているのでしょう？

この魔法の謎を解き明かすためには、サインを持っているみなさんの手首の軸と、サインについている棒の軸、両方の軸の動きについて考える必要があります。表面から裏面へひっくり返してみせようと、みなさんが手首をひねるとき、サインの棒の軸も一緒に動いているのです。それによって、表面と裏面の指が全然違う方向を指しているように感じてしまうのですね。分かりましたか？

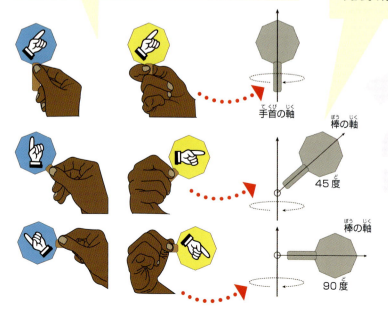

手首の軸

棒の軸　45度

棒の軸　90度

錯視の魔術 77

明るい円から暗い円へ

黒から白へ明暗のグラデーションになっていて、徐々に変化していく背景色の上に、灰色の円を置いてみよう。置かれた場所によって、円の色は明るく見えたり、暗く見えたり変化するよ！

用意するもの
- パソコン
- ベクター方式のお絵描きソフト（InkscapeやVectrなどのアプリケーション）
- プリンターとプリンター用の紙
- はさみ

1 パソコンのお絵描きソフトを使って、大きな長方形を描きましょう。長方形には、左から右へ、真っ黒から真っ白へ、徐々に変化していくグラデーションをかけます。そして同じように、ちょっと明るめの灰色の円も描きましょう。2つの図形が描けたら、プリントアウトします。印刷した紙からそれぞれの形を切り取ってくださいね。

注意！！！ インターネットを使って、お絵描きソフトのアプリケーションをダウンロードする前には、必ず大人の人の許可をもらおうね。

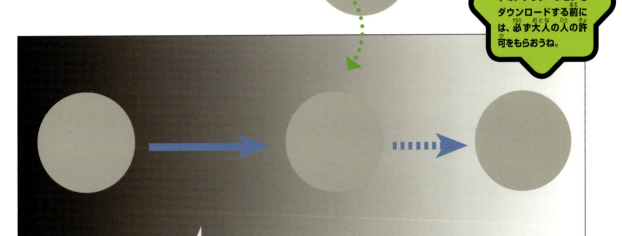

2 今度は、上の図版で示したように、灰色の円を、グラデーションがかかった長方形の上の黒い左端の部分に置きましょう。そしてゆっくり、まっ黒の左端からまっ白の右端へと動かしていきます。きっと背景の色が明るく白っぽくなるにつれて、円の色は逆に暗く変わっていくように見えますよ。円の色自体は全く変わらないのに、色が変わっていくように見えるなんて、不思議ですね！

何が起きているのでしょう？

この現象を「同時明度対比」といいます。これは、本の前半部分に出てきた「側方抑制」と関係しています。「側方抑制」により、背景に対してものの色が明るいときはより明るく、暗いときはより暗く、対比の効果が高められ、強調されて感じるのです。6〜9ページにも、「側方抑制」によって起きる視覚現象を紹介しましたね。「側方抑制」は、みなさんの目の中にある視細胞、つまり光受容体と深い関係があります。光受容体は、隣あう光受容体の反応を抑制します。お互いに隣同士抑制しあう現象なので「側方抑制」という名前がついたのですね。

実際にやってみよう！
まるで歩いていくみたい？
足どりが見える錯視の魔法

対比の違いをうまく利用することで、まるで四角片が生きているように、ページの上を歩いていくみたいに感じさせることもできるんだ。
下の説明にそって、もっと詳しく見ていこう。

用意するもの
- 黒のペン
- 紙
- はさみ
- 透明なプラスチックシート、もしくは固めのビニールシート
- 青色（やや暗く濃い目の青）と黄色の折り紙
- のり、もしくは接着剤

1
右の図版で示したように、紙に黒のしましまもようを描きます。黒いしまの部分と、しまの間の白い部分がどちらも同じ幅になるよう注意しましょう。

2
透明なプラスチックシートから、プレパラートみたいに、下の図版のような大きさの長方形を切り出します。その上に青い折り紙、黄色い折り紙、それぞれ小さく切り取った2色の四角片を接着剤で貼りつけます。ここで注意することは、紙に描いた黒いしまの幅より、折り紙の四角片の一辺の高さの方が少しだけ大きくなるようにすることです。準備できましたか？

3
2色の四角片を横に並べてのりづけしたプラスチックの長方形を手に持ち、しましまもようを描いた紙の上にのせます。そしたら今度は、ゆっくりしましまの上をスライドさせていきましょう。2色の四角い部分をじいっと見つめているうち、白黒のしましまの上を通過している四角が、現れたり消えたりして、まるで一歩一歩、交互に足を出して、紙の上を歩いていくみたいに見えてきますよ。

何が起きているのでしょう？

濃い目の青い四角は、しましまの黒い部分の上を移動するとき、黒いしまもように溶けたように見えなくなります。そのため、目でとらえることができず、動きの手がかりを見失い、みなさんの脳は青い四角が止まっていると感じてしまうのです。それと同じようなことが、しまとしまの間の白い部分の上を黄色の四角が移動するときにも起こります。交互に止まっては動き、動いては止まる、といった動作を繰り返して感じるので、まるで右足と左足のように歩いていくみたいに見えるのですね。

空中に浮かぶ魔法って?

誰かの助けなく、宙に浮かぶ「空中浮遊の術」を使うなんて、超能力以外の何ものでもないよね。自分は「空中浮遊」する能力を持っているんだ、なんて主張してきた人は世界中にたくさんいたけれどね。今回みんなには、まわりの友だちから「きみは空中に浮くことができるすごい人だ!」と信じてもらえる、おどろきのトリックを教えてあげるよ。

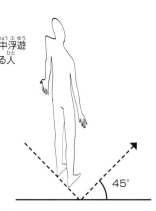

空中浮遊する人

① このトリックを成功させる鍵は、みなさんの立つ位置と、見物している人から見える角度にあります。大体、ななめ45度の角度を意識して立ちましょう。また、見物している人から少し距離をとって立つのも重要です。そうすると、見物している人は、みなさんの手前側の足全体は見えるけれど、後ろ側の足は、手前側の足に隠れて、かかと部分しか見えなくなります。見物している人の数は、なるべく少ない方がいいでしょう。少人数でなるべく近づいて、一ヶ所に固まるように指示を出し、同じような角度から空中浮遊の術を見物してもらいましょう。

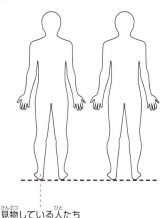

見物している人たち

② そうしたら、いよいよショーのスタートです。両足のかかとをしっかりとくっつけて、手前側の足全体と、後ろ側の足のかかと部分を、地面から持ち上げていきます。つまり、後ろ側の足のつま先部分だけで、全体重を支えるのですよ。大事なのは、後ろ側の足のつま先部分が見物している人から見えないように、両足の足首を、ぴったりと揃えて立つこと。これを意識してください。

何が起きているのでしょう?

見物している人の目からは、みなさんの後ろ側の足のかかとと、手前側の足全体が地面から浮いているところしか見えません。脳は今目で見えているものだけを、真実だと思いこみたがります。だから今回紹介したトリックを使うと、十分、みなさんが空中浮遊しているという印象を友だちや家族の脳に信じこませることができるのです。

③ 今度は「着地」ですよ。疑い深い人にも、本当に、みなさんが地面から浮いていたんだと信じさせるためには、工夫が要ります。着地するとき、地面に足の裏をどすん!と落として、強く打ちつけたり、大げさにひざを曲げて見せたりしましょう。空中浮遊の術、さあ、みなさんは上手にできるかな?

観客の手前側にある足

観客から見て後ろ側の足

実際にやってみよう！

「空中浮遊」している写真を撮ろう

79ページに続いて、今度も、友だちに「空中に浮くことが出来るなんてすごい！」と信じさせる魔法のトリックを紹介するよ。使うものは、スポンジ、水。そして一番重要なのは、ばっちり良い写真が撮れる位置にカメラを設置することだ！

用意するもの
- 水
- スポンジ
- カメラ

1
カメラで、空中浮遊している決定的な瞬間をとらえた、奇跡の一枚を撮影するために、まずは地面に暗いぼんやりとした影のようなものを作る必要があります。スポンジを水でしめらせて、軽くふんわりと地面をたたいてゆきましょう。みなさんが立ったときにできる影を、スポンジを使って濡らしたしみで再現するのです。濡らしすぎてしまうと、色が濃すぎて、黒々と影には見えなくなってしまいます。その場合は、少し時間をおいて地面を乾かしてから、再挑戦してみましょうね。

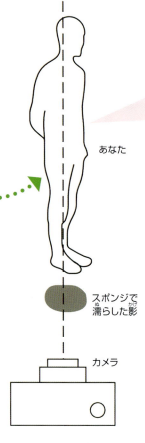

あなた

スポンジで濡らした影

カメラ

2
次に、影のように濡らしたところから、大体30〜40cmくらい距離をとって、まっすぐに立ちましょう。協力してくれる友だちに、濡らした影の向こう側から写真を撮ってもらいます。本当に浮いているように見せるためには、写真を撮る場所と、その日の天気の状態をよく選ばなくてはなりません。天気が良くて本物の影が色濃く地面に出てしまったら、うまく浮遊しているみたいに見えませんからね。立つ場所をちょこっとずつ変えて、濡らした影が空中に浮いたときにできる影に見えるよう、一番効果的な写真が撮れる位置を探しましょう。協力してくれる友だちもきっと大喜びですよ。だって「空中浮遊している」決定的な瞬間の、奇跡の一枚を自分の手で撮影するなんて、なかなかできないことですからね！

錯視の魔術

魔法のサイコロを作ろう

32ページの「ハイブリッド画像」の暗号みたいな錯視の魔法のように、このサイコロも、見ている観客の視点をうまく利用するのが鍵なんだ。この錯視の魔法を上手にかけるために、観客には、必ずみんなのすぐ側から実験を見ていてもらえるよう十分に注意しよう。

用意するもの
- サイコロ2こ
- 小さな鏡
- 白の修正液

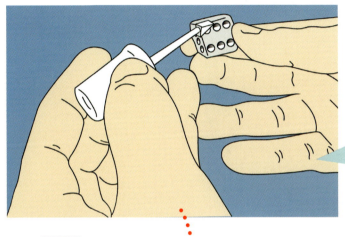

1 まず実行する前に、事前の準備が必要です。白の修正液でサイコロの目をいくつか、半分に塗りつぶす必要があります。ちょっと細かい作業なので、ていねいに塗りましょう。

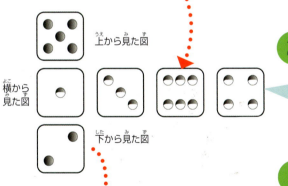

上から見た図
横から見た図
下から見た図
普通のサイコロ
修正液を塗ったしかけのサイコロ

2 左の図で示した通り、『5』の面を上にして、サイコロの『1』『3』『4』『6』の目の4面を白く塗って細工していきます。そのとき、それぞれのサイコロの目の下半分だけを白く塗りつぶします。必ず上下を間違えないよう、気をつけましょうね。

3 さあ、ショーの始まりです。まず、観客の一人に、なにも細工をしていない普通のサイコロを渡して、タネもしかけもないことを確認してもらいましょう。チェックが終わったら、机に置いた鏡の上にサイコロを置いてもらいます。鏡の中に映っているサイコロの目は黒く見えていますよね。ここでポイントです。今度はさっきとは違う人に、もっと近づいて、鏡にもしかけがないか、じっくり覗きこんで調べてもらいます。そして、その人が鏡に気をとられている間に、普通のサイコロと、修正液を塗ったしかけのサイコロをすばやく入れ替えましょう。鏡の上に修正液を塗ったサイコロを置くとき、かならず『2』の面が上になるようにしてください。上から見ると、一見全く普通のサイコロのようですね。でも、鏡の中に映ったサイコロの目をよく見てもらうと、あら不思議！サイコロの目は全部真っ白ですよ！

実際にやってみよう！

動き出す絵

48ページに載っているような、錯視の魔法でひとりでに動き出す絵を描くためには、幾何学的なもようを簡単に描くことができるベクター方式のお絵描きソフトを使おう。このソフトを使えばすばやく簡単に、繰り返し同じもようを作って、重ねて、並べられるよ。

用意するもの
- パソコン
- ベクター方式のお絵描きソフト（InkscapeやVectrなどのアプリケーション）
- プリンターとプリンター用の紙

注意！！！インターネットを使って、お絵描きソフトのアプリケーションをダウンロードする前には、必ず大人の人の許可をもらおうね。

1
上の長方形のもようを見てください。ここからは、この長方形のもようのかたまりのことを細胞、「セル」と呼びます。1つのセルの中には、白と黒を含めて、補色の関係にある色の層をいくつか重ねましょう。セルを重ねていく、背景の地の色もとても重要です。うすい灰色のような、特徴のない中間色を選びましょう。

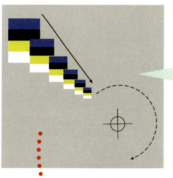

2
このセルをコピー＆ペーストして、同じものを6つ作りましょう。セルを1つ作るたび、大きさを1つ前に作ったセルの80％に縮小します。1つ目が80％縮小、2つ目が64％縮小、3つ目が51％縮小というように、だんだん順番に小さくしていきます。そして左のように、セルが円の中心から外側へ放射線状に広がって見えるように、ななめに配置しましょう。

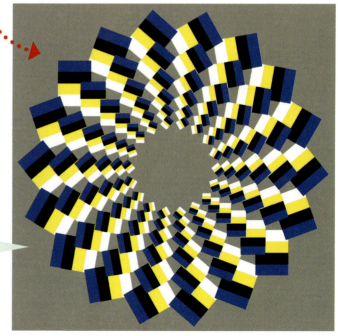

3
1本の線上に並べた6つのセルを1組として、まとめてコピー＆ペーストしていきます。右のように、丸く円型のもようになるまで、繰り返しまとまりを貼りつけていきます。すると、放射線状に中央から外へと広がっていく色のもようが、うずをまいて、ふくらんで見えてきますよ。この種類の錯視の魔法のことを「周辺ドリフト錯視」といいます。もようをまっすぐ直視するより、目の端で、ややずれた位置からもようを見たときの方が、この動きの魔法の効果がかかりやすいのです。

※目の端で見る周辺視野は、まっすぐ直視する中心視野に比べて、動きを感じるのに敏感な視野です。

ジャストローの魔法のイルカ実験

この錯視は、アメリカの心理学者、ジョセフ・ジャストローが初めて発見したものだよ。だから、その名前に由来して「ジャストロー錯視」とか「ジャストロー図形」なんて呼ばれているんだ。

用意するもの
- カード用の厚紙
- はさみ
- 色えんぴつ

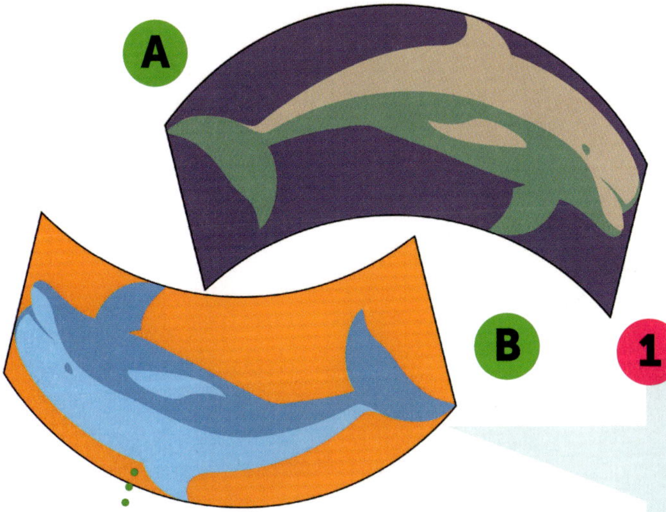

1 同じおうぎ形のイルカの絵が、91ページのテンプレートに白黒で載っています。それを利用して、カード用の厚紙に描き写してもよいし、コピーを取ってもよいでしょう。できたら、おうぎ形をきれいに切り取ってください。今度は切り取ったおうぎ形に色えんぴつで色を塗ります。イルカの絵もその背景も、それぞれ反対の色、補色になるような色を選びましょう。

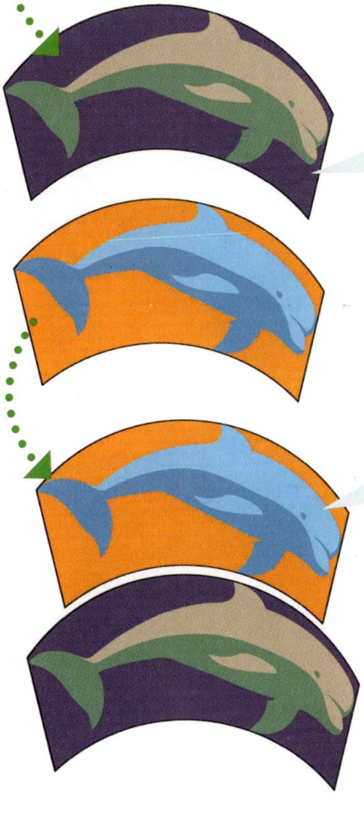

2 2枚のイルカのカードが用意できたら、テーブルに置いてください。左の図版のように、Aのイルカのカードが上になるように置きましょう。そして、みなさんの友だちに「大きいと思う方のイルカのカードを手に取ってください」と伝えましょう。ほとんどの人が、2つのカードは同じ大きさだと答えるはずです。さあ、みなさんの友だちは何と答えるでしょうか。実は、Aのイルカのカードの方が大きいんですよ！

3 信じられないですか？では、それを証明するために、今度はBのイルカのカードをAのカードの上に移動させましょう。下になったAのイルカのカードの方がもう一方のBのカードより、大きいことが明らかになるはずですよ。おもしろいですね！

何が起きているのでしょう？

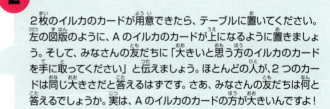

20ページでは奥行き感覚についての仮説をいくつか説明しましたよね。ものの大小を判断するとき、脳は奥行き感覚を基準にして考えます。今回のジャストローの錯視の魔法も、奥行き感覚によるものです。だからイルカのカードの大きさを間違えて判断してしまったのですね。26ページにも、この「ジャストロー錯視」「ジャストロー図形」とよく似た錯視の魔法が紹介されていますよ。あわせて見てくださいね！

予想できない構造

72〜73ページの実験で作った紙の構造とちょっと似ているね。今回の実験では、下の手順に従っていくと、「ありえない形」から、さらに「予想もできないような構造」へと紙が姿を変えていくよ。

用意するもの
・紙
・はさみ
・のり

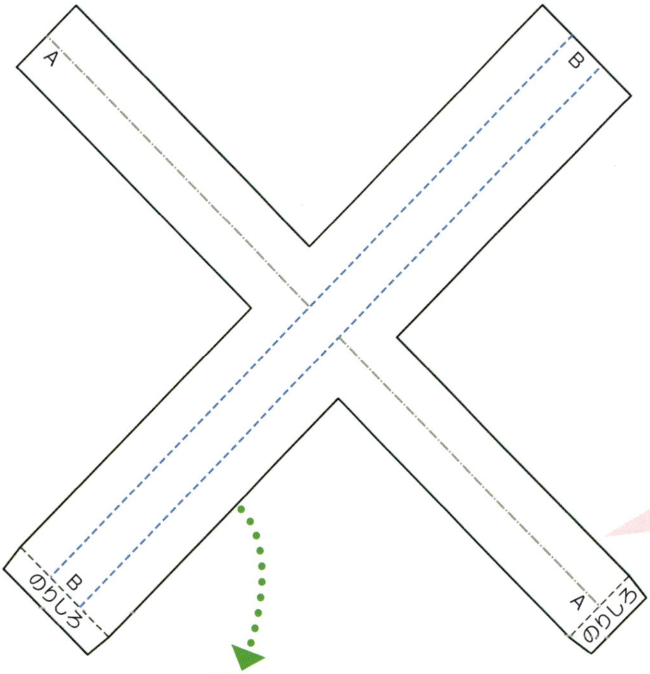

1 左の図版で示したような十字型の形を紙に描いて、Aの長方形には灰色の破線を、Bの長方形には青色の点線を書きこんでください。そしてA、B、それぞれの長方形の片側にはのりしろ部分も作りましょう。それができたら、はさみで切り取ります。まずは、Aののりしろにのりづけして、きれいな輪を作ります。次に、Bののりしろにものりづけして、半回転ねじってから輪を作ります。

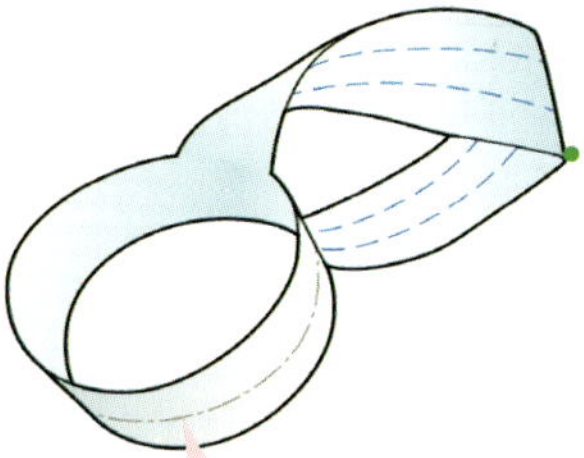

2 そうしたら、まずBの輪に書きこんだ青色の点線にそって切っていきましょう。ねじれた輪っかを3つに切り離すような感じで切っていきます。不思議な形になりましたね。さらに、Aの輪に書きこんだ灰色の破線も、切っていきましょう。

3 おやおや！紙を開くと……四角い枠の中に閉じこめられた小さな輪っかができあがりましたよ！さらに、この小さな輪っかを、輪にそって、縦半分に切り分けていきましょう。どうなると思いますか？8の字の形にねじれた大きな輪っかができあがりました！予想もできない構造への変化に、びっくりでしょう？

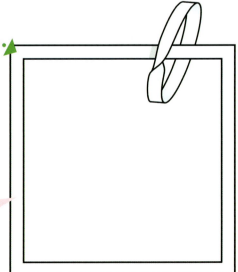

手にぽかっと穴があく魔法

とても単純な錯視の魔法だけど、身体の一部に穴があいて、向こうが透けて見えるような不思議な感覚を味わえるよ！

用意するもの
・雑誌、または画用紙などの厚紙を筒状に丸めて、輪ゴムでとめたもの

雑誌（または厚紙）を筒状に丸めて輪ゴムでとめます。その筒を右手に持って、望遠鏡を見るように右目に押しあてます。次に、左の手のひらをパーの形に開いて、左目の正面にかざします。ちょうど、筒の側面と左手の側面がくっつく感じになります。このとき左目はしっかりと開けたままにしてください。左の手のひらがよく見えていますよね。右目も左目もしっかり開けて、見えるものに意識を集中してください。すると、両目で見ていた別々の映像が一つに溶けてきますよ。筒にそって左手を前後に動かしていくと、ちょうど手のひらの真ん中にぽっかりと穴があいたように見えるでしょう。不思議ですね！

何が起きているのでしょう？

この現象は、左目と右目、両方の目でものを見る、両眼立体視によって起こります。みなさんの目は、ふだんから左右で違うものを見ているのです。そして脳は、その左右別に見たものを混ぜあわせて一つの映像にし、立体的にものを見ているのです。だからこの錯視の魔法実験では、まるで手に穴があいたように見えてしまったのですね。

幾何学もよう の錯視の魔法

下の図のようなシンプルな幾何学もようを並べ替えるだけで、あら不思議！正方形の一部分がどこかに「消えて」しまうよ！

用意するもの
・カード用の厚紙
・色えんぴつ
・はさみ

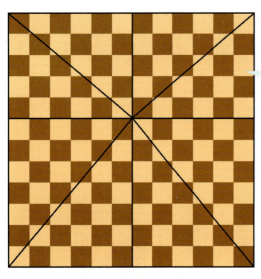

1 2つの正方形のカードを作りましょう。（縦12横12の市松模様に塗っておくと、黒い線がひきやすいですよ。）次は、黒い線の通りに切り分けていきます。これで三角8枚、四角4枚、合計12枚のパズルのピースができました。

2 12枚のパズルのピースを並べ替えて、下の四角Ａのように、大きな正方形を作りましょう。それができたら今度は、四角Ｂのように並べ替えます。四角Ａも四角Ｂも同じ大きさに見えますよね。けれど、おやおや？四角の一部分が消えてしまったように見えます。同じピースを使っているのに、どうしてこんなことが起こるのでしょう？

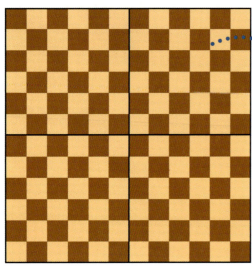

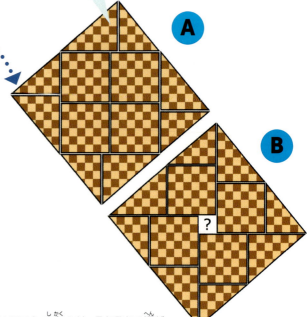

何が起きているのでしょう？

実は、四角Ａも四角Ｂも2つの図形は、どちらも正方形ではないのです。四角Ａは、それぞれの辺が少しずつ内側に曲がっていて、ほんのわずかにくぼんだような形をしています。一方、中央に四角い穴のあいた四角Ｂは、それぞれの辺が少しずつ外側に曲がっていて、ほんのわずかに出っ張っているのです。その端の出っ張りとくぼみの面積の差が中央の「消えた空白」部分として広がったのですね。

錯視の魔術

不可能な三角形かな？

36～37ページでは、実際には作ることができない「不可能立体」を紹介したよね。今度は、「一見、全くもって不可能に見える三角形」を、1枚の紙から実際に作ることができる方法を紹介するよ。
ぜひ、お友達に作って見せられるよう、挑戦してみてね。
下の手順通りに作っていけば、みんなにもきっとできるよ。がんばってね！

用意するもの
・紙
・はさみ

1 紙の中央部分を親指と人差し指でつまんで、真ん中にちょこっとだけ、目印となる折り目を小さくつけましょう。

2 目印の折り目を入れたら、一度紙を開いて、片側の紙の端のちょうど真ん中から、中央の折り目まで直角に切りこみを入れます。今度は、反対側の紙の端から、V字型になるように2本切りこみを入れます。

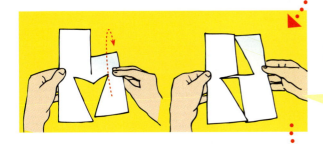

3 最後に、紙の右側のたれ羽部分を、前方にくるんと180度回転させると、三角形の部品が立ち上がってきますよ。

何が起きているのでしょう？

この3次元の立体の三角形を作れない人が、思ったより多いことには、びっくりおどろきます！実は、この立体の三角形を作るときに、大きな落とし穴があるのです。
それは、みなさんの脳が、ふだんから、紙というものを2次元の平面的なものとしてとらえているため、3次元の立体物として動かしたり、作り変えたりできるものではないと思いこんでいるからなのです。

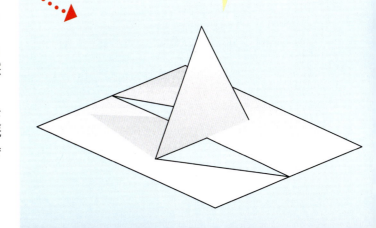

実際にやってみよう！

足がたくさんあるゾウたち

39ページでは「ありえない姿のサル」の絵を見たよね。今度は、下に紹介する方法で、みんなが自分自身の手で「ありえない姿のゾウ」の絵を描いてみよう。

用意するもの
- 芯のやわらかいえんぴつ
- トレーシングペーパー
- 紙
- 消しゴム
- 黒のペン
- 色えんぴつ

1 芯のやわらかいえんぴつで、左の図版に示したような普通の姿のゾウを紙に描きましょう。そのとき、ゾウの足の太さと、足と足の間隔が同じ幅になるよう、注意しましょう。

2 一旦、描いたゾウの足を消します。そして、もう一度新しく描き直します。ただし今度は、さっき描いたゾウの足と足の間の空間に、新しい足を描き加えてください。

3 1頭描けたら、同じようにして繰り返し何頭も描き増やしていきましょう。ゾウが輪になるように、丸く描き並べます。そのとき、前のゾウのしっぽを後ろのゾウが鼻でつかむように描いてください。うまく下書きができたら、黒のペンを使ってしっかりとした線できれいに清書していきましょう。えんぴつの線を消しゴムで消したら、頑張って色を塗ってみましょうね。さあ、できるかな？

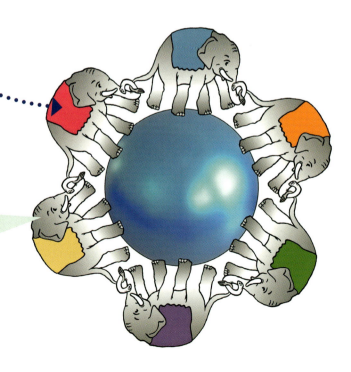

錯視の魔術　89

登ることができない階段を描いてみる

下に紹介した方法に従い、「絶対に登ることのできない階段」の絵を描いてみましょう。

用意するもの
・芯のやわらかいえんぴつ
・紙
・消しゴム
・色えんぴつ

1 芯のやわらかいえんぴつを使って、右の図版のようにまっすぐな階段を、3段描きます。

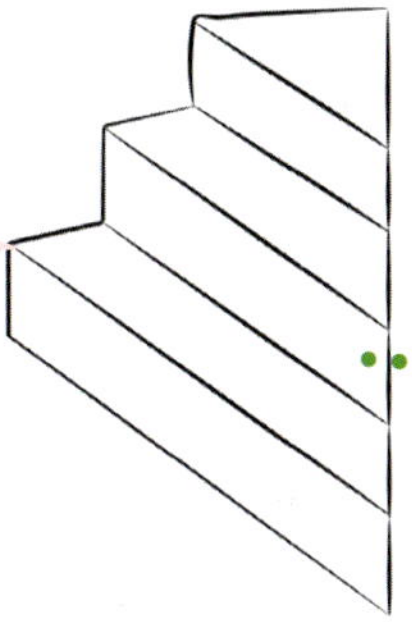

2 反対側にはらせん階段を作るみたいに、階段の踏み板部分と蹴上げ部分（踏み板と踏み板の間にある段差の壁）を横に広げるように描いてみてください。

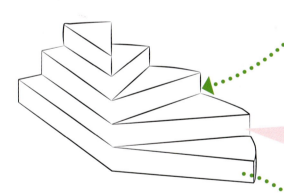

3 階段を左右に分けていた中心の縦線を消しゴムで消します。すると、左の階段の踏み板部分と、右のらせん階段の蹴上げ部分が一体になって、まるでつながっているように見えるでしょう？

4 そうしたら、らせん階段の踏み板部分を、一つの色で塗ってください。今度は同じ色を使って、左の階段の踏み板から右のらせん階段の蹴上げにかけて、グラデーションを駆使して影をつけていきましょう。そうすると、さらに視覚効果が高まって、左から右へ絵が溶けて混ざるように見えますよ。階段の上に、何かものや人、動物などを描き加えてみると、さらにこの錯視の魔法の効果が強力になります。試してみてくださいね。

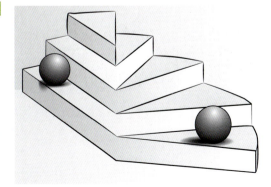

実験に使える テンプレート

ここに用意したテンプレートを使って、前のページで紹介している錯視の魔法のしくみを確かめてみよう。自分の手で錯視の魔法が使えるようになるよ！

75ページ：
『催眠術の円盤、ヒプノディスクを作ろう』
うずまきのコピーを取って、CDにぴったりと接着剤で貼りつけよう。

29ページ：
『帽子のサイズを考えよう』
下の帽子を描き写すか、コピーして切り取って、左と右の女の人の頭の大きさをはかってみよう。

14ページ：『ステンドガラスの錯視の魔法』
この紙の窓を切りぬき、ステンドガラスの図版に重ねて、左と右のガラスの色を比べてみよう。

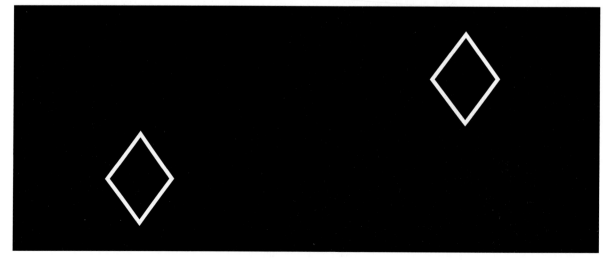

錯視の魔術 91

83ページ：『ジャストローの魔法のイルカ実験』
おうぎ形のイルカを描き写すか、コピーを取ろう。
イルカの色も、背景の色も、それぞれ反対の色、
補色になるよう、色を塗ろう。

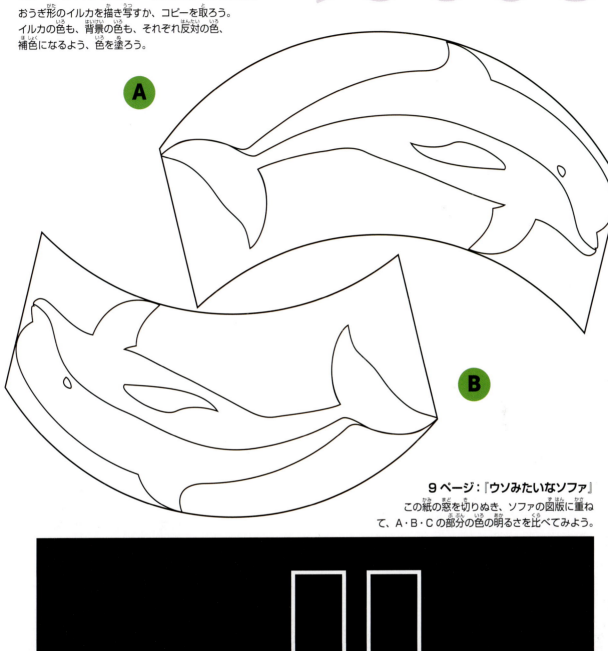

9ページ：『ウソみたいなソファ』
この紙の窓を切りぬき、ソファの図版に重ね
て、A・B・Cの部分の色の明るさを比べてみよう。

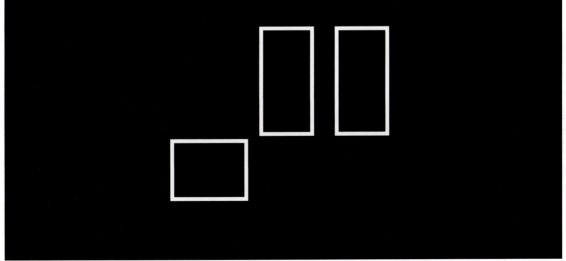

92　実験に使えるテンプレート

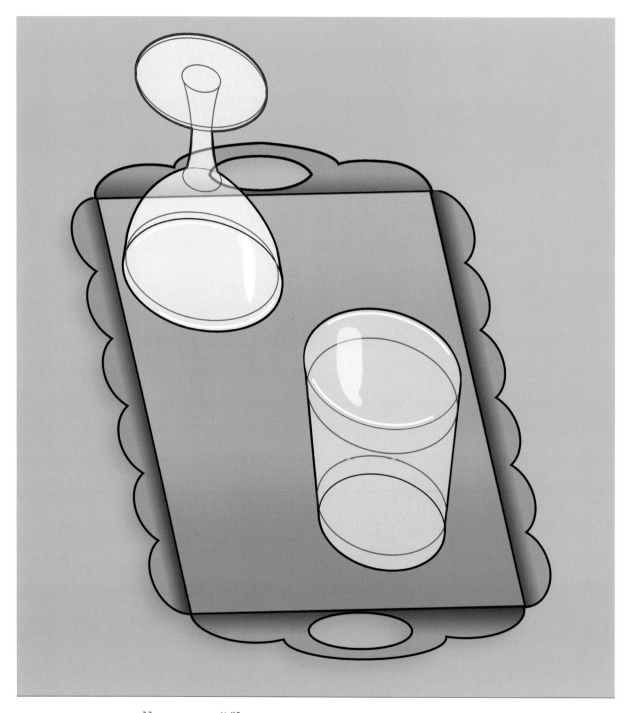

65ページ：『おぼんの上からグラスを移動させるには？』
トレーシングペーパーなどを使って、上手に上の絵を写し取ろう。線を写し取ったら同じように色を塗ってみよう。
時間のない人は、このままカラーコピーを取ってもいいよ。さあ、みんなは友だちの前で不思議なトリックを披露できるかな？

答え

前のページに出てきた錯視の魔法の謎を解き明かす答えのページだよ。
みんなの答えはあっていたかな？

11ページ：『色順応』
紫色の背景を取り除くと、ネコの左目は灰色に！

22ページ：『ポッゲンドルフの錯視の魔法』
樽のピンクの線がつながっているのは、緑の線だったね。

26ページ：『ゆかいなジャストローの魔法のトランプ』
Aの組とBの組の上部と下部を入れ替えてみても、全く同じ広がり方だ。

33ページ：『傾いているように見える塔』
2枚の写真の塔の傾きはどちらも全く同じ！

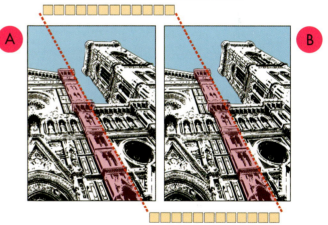

34ページ：『私たちの目を邪魔するもよう』
イヌのダルメシアンが、もようのついた敷物の上で、手足を伸ばしてすやすや眠っているよ。

62・63ページ：『ステレオグラムという名前の3D画像の不思議』
飛び出して見えるのは、「三輪車」と「ウサギ」だよ！みんな見えたかな？

 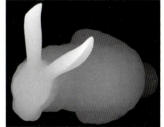

錯視用語集

アナモルフォーシス
ある特定の位置や角度から見ないと、正しい形には見えない、ゆがんでいる画像のこと。だまし絵の一種。

アンビグラム
見る方向によって、絵の見え方や文字の読み方が複数ある図版や文字のこと。例えば、正しい向きでも、上下さかさまにしても、書かれた文字を読み取ることができる線画など。

色対比
一つの色が背景や周りの隣あう色によって、色の見え方が変わる現象のこと。例えば、一つの色を見るときに、反対の色、補色を背景にすると、よりあざやかにひきたって見えるし、暗い色を背景にすると、より淡く明るく、明るい色を背景にすると、より暗く見える。

色同化
もようの中で、一つの色が塗られている範囲がとても小さいとき、色対比とは逆の視覚現象が生じ、隣あう色の色調に近づいて見えること。例えば、小さくてうすい灰色の層を、青い背景の中に配置した場合、灰色の層は青の色調に近づいて青っぽく見える。黄色い背景の中に配置した場合は、黄色の色調に近づいて黄色っぽく見える。

奥行き（感）
ものは遠くにあればあるほど小さく見えるという法則に基づいている。奥行き感は、水平線の横への広がり方や、目線の高さ、消失点などによって感じとられる。

解像度
画像がどれくらい細かく鮮明に見えるかは、画像の解像度によって決まる。印刷物の絵や写真、テレビやパソコンのモニター画面は、小さな点やピクセルの集合でできており、この点やピクセルが多ければ多いほど、解像度が高く、画像がより鮮明に見えるようになるといえる。

感度が下がる
明るい光や特定の強い色などの刺激によって、目が受ける視覚効果が鈍ること。

サッケード（急速性眼球運動）
何かを見ているときに、目が急速に動くこと。この目の動きはとても速くて不規則であり、私たちが自分の意思でコントロールすることができない。

残効
目が長時間にわたり刺激を受けた後、刺激の効果が残って、見え方に錯覚が生じること。たいていの場合、色の残効は残像と呼ばれる。（残像についての詳しい説明は下にもあるので、あわせて読もう。）動いているものをじっと見続けた後、止まっているものを見ても、まるで動いているように感じるのも、残効の一種。

残像
あざやかな色の画像を長時間見た後に、起こる視覚現象。強い色を長時間見続けたことで、目の奥にある網膜部分の感度が下がり、白いページなどの刺激の少ない無彩色のものに目を移すと、ぼんやりと同じ画像が浮かび上がって見える。しかし最初に見ていた色とは違って、反対の色である補色が生じる。

邪魔するもよう
ものの姿・形を分からなくしてしまうような、複雑なもようのこと。このもようのおかげで、ものは背景の中にとけこみ、隠れることができる。軍服の迷彩柄は、その視覚効果を利用したもの。見ているものを混乱させ、目くらましにもなる。シマウマのはっきりとしたしまもようなども、その一種である。

収束
二つ以上のものが、お互い、向かいあう方向に傾いたり、近

錯視の魔術

づいたりすること。

周辺視野
目の端、つまり視野の周辺領域でとらえて見えている広い部分のこと。

主観的輪郭
不完全な形を補って、存在しないへりや輪郭、ものの形が浮かび上がって見えてくること。

消失点
建物や周りの他のものの奥行きの延長線を集めて収束させていくと、理論上、水平線の上に結ばれる点のこと。消失点に近づけば近づくほどものは小さくなっていき、やがて完全に消えて見えなくなる点である。

側方抑制
光に反応した光受容体が、周りの光受容体の反応を止めたり、抑制したりする現象。側方抑制によって、対比しているところを強く感じ、その結果、ものの輪郭がよりはっきりと強調されて見えるようになる。

多義図形
とらえられ方が一つではなく複数ある、あいまいな図形のこと。

中心視野
網膜の中心にある光受容体に関係している視野の一部分。何かを真正面から直視したときに、この領域が刺激される。

トポロジスト
ねじったり、折り曲げたりして、ものを変形させたときに、ものがどのように変化して動くのか、トポロジー（位相幾何学）という学問分野を研究する人たち。

光受容体
目の奥の網膜部分にある、光に敏感な視細胞のこと。光の光線を感知すると、受容体が反応して、脳へ信号を送る。脳は光受容体から受け取った信号を変換し、私たちが目で見ている画像を結ぶ。

光の屈折
光の光線は、例えば空気中から水中へと移動する場合のように、透明な物質から別の透明な物質に向かって通過するとき、

方向を変えて進む。この現象を、光の屈折と呼ぶ。

不可能図形、不可能立体
2次元の紙の上に描くことはできても、3次元のこの世に再現することは絶対に不可能な図形や立体構造のこと。

分散
二つ以上のものが、お互い、逆の方向に傾いたり、離れたりすること。

補色
色の配列を示した色相環で、正反対に位置する色の組み合わせのこと。例として、赤↔緑、青↔オレンジなどがあげられる。補色の関係にある色同士が隣あったとき、色対比によってお互いが、よりあざやかに見えるという視覚効果を生み出す。

盲点
視神経が眼球から出ていく網膜の一部分。盲点は光に反応する視細胞、光受容体を持たないため、ほんのわずかな範囲において、私たちの視界に、何も見えない領域ができる。しかし通常は脳が視界にあいた見えない部分をうめてくれるので、私たちが盲点の存在に気づくことはめったにない。

網膜
目の奥にあるうすい膜の層で、眼球の内側をおおう面積の、およそ4分の3を占める。網膜の上には、光に敏感な視細胞、光受容体が数百万個存在する。

輪郭
もののへりに、見かけ上現れて見える際の線のこと。

索引

あいまいなシリンダー錯視 67
アナモルフォーシス 68, 94
アヒルとウサギのだまし絵 42
暗号錯視 32
アンビグラム 40, 94

色順応 11, 12, 93
色対比 14, 94, 95
色同化 10, 18, 94

エドム・マリオット 58

大きさの恒常性 20
奥行き(感) 20, 21, 26, 27, 29, 33, 63, 64, 68, 69, 83, 94
オボナイの四角の錯視 31

解像度 16, 94
鏡 67, 71, 81
角膜 4
眼球 4, 95
感度が下がる(感度が鈍る) 11, 12, 94
記憶の地図 44
きらめき格子錯視 6
空間周波数 32
空中浮遊 79, 80
光学 66
光線 66, 95
後頭葉 4
催眠術 75, 90
サッケード(急速性眼球運動) 44, 46, 50, 94
サッチャー(マーガレット・サッチャー) 41
サッチャー錯視 41
サルコーネ(ジャンニ・A・サルコーネ) 30, 31, 64
サルコーネの十字の錯視 31
残効 56, 57, 94
残像 12, 44, 46, 56, 75, 94

視覚的競合 42

視覚野 4
視細胞 4, 58, 77, 95
視神経 4, 52, 95
ジャストロー(ジョセフ・ジャストロー) 26, 42, 83, 91, 93
ジャストロー錯視(ジャストロー図形) 26, 83
邪魔するもよう 34, 93, 94
収束 24, 94
周辺視野 48, 51, 59, 61, 82, 95
周辺ドリフト錯視 82
主観的輪郭 52, 55, 95
消失点 33, 94, 95
焦点 62, 66

水彩錯視 19
水晶体 4
垂直水平錯視 28
杉原厚吉 67
スクエアクル(丸四角) 67
ステレオグラム 62, 63, 93

3D(3次元) 6, 54, 62, 63, 67, 72, 74, 87, 93, 95
3Dホログラムピラミッド 74

側方抑制 6, 77, 95

多義図形 42, 95
ダリオ・バリン 13
単曲側面 72

地図作りのための色の錯視 19
中心視野 51, 59, 82, 95

2D(2次元) 54, 62, 70, 74, 87

デルブーフ錯視 30

瞳孔 4
同時明度対比(明暗の対比) 6, 8, 9, 77
透明視 13
倒立像 66
トポロジー(位相幾何学) 72, 76, 95
トポロジスト 72, 95
トロン効果 13

ネオン色拡散 13

ハイブリッド画像 32, 68, 81
万物は流転する 44
光受容体 4, 6, 58, 77, 95
光の屈折 4, 66, 95
ピーター・トンプソン 41
ヒプノディスク 75, 90
フィック(アドルフ・オイゲン・フィック) 28
フィック錯視 28
不可能図形 38, 39, 88, 89, 95
不可能立体 36, 37, 69, 87, 95
フレイザー(ジェームズ・フレイザー) 25
フレイザー錯視 25
分散 24, 95

ベクター方式のお絵描きソフト 77, 82
ヘラクレイトス 44
補色 12, 56, 66, 76, 82, 83, 91, 94, 95
ポッゲンドルフ(ヨハン・クリスチャン・ポッゲンドルフ) 23, 93
ポッゲンドルフの錯視 22, 23, 93
ホログラム 74
ホログラム用動画 74

マジックアイ 62

虫眼鏡 66

明暗順応 57
明暗調節 57
目のしくみ 4

盲点 52, 58, 95
網膜 4, 94, 95

両眼立体視 62, 85
輪郭 14, 16, 23, 34, 39, 47, 52, 54, 55, 95